Johann Sebastian Bach

Johannes-Passion
Matthäus-Passion
Weihnachts-Oratorium
Messe in h-Moll

Textausgabe

Einführungen von
Arnold Werner-Jensen

Reclam

Die Texte der vorliegenden Ausgabe folgen:
Sämtliche von Johann Sebastian Bach vertonte Texte. Herausgegeben von Werner Neumann. Leipzig: Deutscher Verlag für Musik, 1974

RECLAMS UNIVERSAL-BIBLIOTHEK Nr. 18063
2000 Philipp Reclam jun. GmbH & Co. KG,
Siemensstraße 32, 71254 Ditzingen
Druck und Bindung: Esser printSolutions GmbH,
Untere Sonnenstraße 5, 84030 Ergolding
Printed in Germany 2025
RECLAM, UNIVERSAL-BIBLIOTHEK und
RECLAMS UNIVERSAL-BIBLIOTHEK sind eingetragene Marken
der Philipp Reclam jun. GmbH & Co. KG, Stuttgart
ISBN 978-3-15-018063-1

www.reclam.de | info@reclam.de

Inhalt

Einführung

Die vier vorliegenden Werke geistlicher Vokalmusik stellen nicht nur in Bachs Lebenswerk, sondern überhaupt in der abendländischen Musikgeschichte einsam herausragende Gipfel dar. Diese Tatsache kann leicht den Blick dafür verstellen, daß diese Werke zugleich – jedes für sich – Bestandteile einer spezifischen Gattungstradition sind, die in jeweils unterschiedlicher zeitlicher Distanz vor ihnen begonnen hat und bis in unser Jahrhundert hineinreicht. Diese vier Gattungen sind Oratorium, Passion, Kantate und Messe; zwischen ihnen überwiegen die Gemeinsamkeiten, und stilistisch berühren sie sich in einigen Punkten mit verwandten weltlichen Vokalwerken, vor allem der zeitgenössischen Oper.

Das Oratorium basiert entweder auf einer weltlichen oder einer geistlichen Textvorlage, ist mit solistischen und chorischen Stimmen sowie Instrumenten besetzt und zur nichtszenischen Aufführung außerhalb der Liturgie bestimmt. Als besondere Variante gehört hierzu die Passion, die auf der Grundlage eines der Evangelientexte die Leidensgeschichte Christi von der Gefangennahme bis zur Kreuzigung zum Gegenstand hat. Neben ihnen stehen Gemeindechoräle aus der protestantischen Überlieferung des 16. und 17. Jahrhunderts sowie betrachtende lyrische Texte. Bach steht hier in der Tradition der sogenannten »oratorischen Passion«, die bis zur Mitte des 17. Jahrhunderts zurückreicht. Gemeinsam ist Oratorium und Passion ihre musikalische Gliederung in Chorsätze, Choräle, Rezitative und Arien (Soli und Ensembles).

Die Kantate gilt als wichtigste Gattung der deutschen evangelischen Kirchenmusik. Eine ihrer Vorläuferinnen war die italienische weltliche Solokantate. Ihre ausdrückliche

Bezeichnung als »Kantate«, wie sie uns heute aus Bachs Werk geläufig ist, bürgerte sich jedoch erst mit Erscheinen der ersten Bach-Gesamtausgabe in der zweiten Hälfte des 19. Jahrhunderts ein. Bachs Kirchenkantaten (wie auch seine weltlichen) haben mit dem Oratorium Besetzung und Gliederung gemeinsam, doch waren sie zum liturgischen Einsatz vorgesehen und in ihrer zeitlichen Ausdehnung auf diesen Zweck abgestimmt. In unserem Zusammenhang wird der Gattungsbegriff wichtig, weil sich das *Weihnachts-Oratorium* aus einer Folge von sechs einzelnen Kantaten zusammensetzt; aus dieser Tatsache wird zugleich die enge Verwandtschaft zwischen den Gattungen ersichtlich.

Als Messe wurde seit Ende des 5. Jahrhunderts der christliche Hauptgottesdienst bezeichnet. Im musikalischen Sinn verstehen wir unter Messe die Komposition des »Ordinarium missae«, bestehend aus den Teilen Kyrie, Gloria, Credo, Sanctus, Benedictus und Agnus Dei. Seit dem 14. Jahrhundert kennen wir geschlossene Zyklen aller Meßteile. Im 17. und 18. Jahrhundert entwickelte sich die Messe zu einer konzertanten, vom Oratorium beeinflußten Gattung auf der Basis des Generalbasses und der Polyphonie, mit farbig wechselnder vokaler und instrumentaler Besetzung.

Neben den vier hier vorgestellten großangelegten Hauptwerken komponierte Bach weitere verwandte Titel, die jedoch aus unterschiedlichen Gründen kaum bekannt und zum Teil verloren sind. So schrieb er insgesamt, wie sein Sohn Carl Philipp Emanuel und Joseph Agricola im sogenannten »Nekrolog« festhielten, fünf Passionen, von denen jedoch nur zwei erhalten sind. Eine weitere ist gesichert; diese *Markus-Passion* von 1731 ist zwar verschollen, läßt sich aber aufgrund von Parodiebeziehungen musikalisch rekonstruieren. Aus Bachs (verlorener) erster Passion von 1717 fanden fünf Sätze zunächst Aufnahme in die erste Fassung der *Johannes-Passion*, wurden später jedoch wieder gestrichen.

Außer der *h-Moll-Messe* komponierte Bach vier weitere sechssätzige sogenannte »lutherische Messen« (BWV 233, 234, 235, 236), die überwiegend aus Parodien bestehen, sowie einige einzelne Messesätze. Sie heißen »lutherisch«, weil sie Bestandteil des lutherischen Gottesdienstes ihrer Zeit waren. Heute werden sie zu Unrecht kaum aufgeführt, obwohl es sich durchweg um bedeutende Kompositionen handelt. Das mag mit nicht ausrottbaren Vorurteilen dem sogenannten »Parodieverfahren« gegenüber zu tun haben. Unter »Parodie« verstand man zu Bachs Zeit die eigene oder fremde Bearbeitung vorliegender Kompositionen, indem man ihnen neue Texte unterlegte und Tonsatz sowie Instrumentation überarbeitete. An der folgenschweren Fehleinschätzung dieser seinerzeit üblichen und selbstverständlichen Praxis ist in erster Linie die musikgeschichtliche Entwicklung im 19. Jahrhundert schuld: verstand sich Bach noch als »Handwerker«, der im Kontinuum einer langen Tradition vor allem »soli deo gloria« wirkte, so beeinflußte der aufkommende Geniekult alsbald auch die Erwartung an das Produkt dieser Genies – man rechnete selbstverständlich mit »Originalwerken« und betrachtete jede Bearbeitung als minderwertig. Gerade die Kenntnis der großen Bachschen Vokalwerke, vor allem der *h-Moll-Messe* und des *Weihnachts-Oratoriums*, die zu großen Teilen aus derartigen Parodien bestehen, hat hier ein allmähliches Umdenken bewirkt.

Gemeinsam ist den im vorliegenden Band zusammengestellten Werken ihre Rezeptionsgeschichte. Bald nach Bachs Tod verzeichnet sie einen starken Rückgang, der weitgehendes Vergessen in der Öffentlichkeit mit sich brachte. Lediglich in Fachkreisen war Bachs Bedeutung weiterhin geläufig, wie Mozarts und Beethovens nachhaltige Auseinandersetzung mit seinem Vermächtnis belegen. Das Datum der ersten Wiederaufführung der *Matthäus-Passion* (1829 in Berlin) durch Felix Mendelssohn Bartholdy markiert hier symbolisch einen Wendepunkt, doch dauerte es noch bis 1912, bis Siegfried Ochs, ebenfalls in Berlin, eine ungekürzte Aufführung des Werkes wagte. Die Aufführungstradition der großen geistlichen Vokalwerke wurde seitdem stets durch den jeweiligen Zeitgeist geprägt, und sie wandelte sich im Laufe der zweieinhalb Jahrhunderte nach Bachs Tod bis zum heutigen Tage. Zumindest für die zurückliegenden rund fünf Jahrzehnte läßt sich das heute anhand historischer und neuer Tonträger belegen. So reicht die gleichsam »philharmonische« Praxis der sehr großen Chor- und Orchesterbesetzungen und die an den Idealen des 19. Jahrhunderts geschulte Musizierweise in ihren Ausläufern bis in unsere Tage. Neben ihr gab es im 20. Jahrhundert jedoch lange auch die Auffassung, man müsse Bachs Musik akademisch, trocken und nüchtern, also emotionslos, aufführen – derartige Interpretationen betonten in der Regel die so verstandene barocke »Motorik« und die »Terrassendynamik«. Zugleich aber brachte die bald nach dem Zweiten Weltkrieg aufkommende »historische Aufführungspraxis«, die sich alter oder rekonstruierter Instrumente bedient und ihre Sing- und Spielweise an musikwissenschaftlich aufgearbeiteten Quellen orientiert, die wohl einschneidendste Wende in der Interpretationsgeschichte dieser Musik.

Bei der Wiedergabe der Texte wurden Bibelzitate durch *kursiven*, Choräle durch **halbfetten** und freie Dichtung durch normalen Druck gekennzeichnet.

Johannes-Passion

(BWV 245)

Mit der *Matthäus-Passion* teilt die *Johannes-Passion* das Schicksal, daß sie nach Bachs Tod alsbald für fast ein Jahrhundert in Vergessenheit geriet. Die ersten Schritte zur Wiederentdeckung unternahm hier wie dort Carl Friedrich Zelter mit der Berliner Singakademie, die er im Jahre 1800 übernahm. Anders aber als bei dem großen Schwesterwerk dauerte es bei der Passionsmusik nach dem Evangelisten Johannes bis in die zweite Hälfte unseres Jahrhunderts, bis man ihre Gleichrangigkeit und Eigenständigkeit begriff; in der Aufführungsstatistik liegt sie bis heute, bei allerdings sich verringerndem Abstand, hinter der *Matthäus-Passion* zurück. Bei beiden Passionen fehlt eine Fassung »letzter Hand«, auf die man sich bei Aufführungen problemlos stützen könnte. Die Quellenlage ist hier sogar noch vielschichtiger und verwirrender.

Eine Erstfassung entstand 1724; ihr folgte 1725 eine stark veränderte Wiederaufführung. Sie enthielt fünf neue Sätze und begann mit dem Eröffnungschor »O Mensch bewein dein' Sünde groß«, der dann später als Schlußchor ihres ersten Teils in die *Matthäus-Passion* versetzt wurde. Eine weitere Aufführung 1730 ähnelte jener von 1724, und 1749 kam es zu einer letzten, wiederum textlich und musikalisch überarbeiteten Darbietung. Wie seinerzeit üblich, hatten alle Überarbeitungen in erster Linie aktuelle aufführungspraktische Gründe. Stilistisch und strukturell folgen beide Passionen dem gleichen Muster und gliedern sich in die drei Ebenen des Gemeindechorals, der vom Evangelisten erzählten Leidensgeschichte und der kontemplativen Begleittexte. Anders als bei der *Matthäus-Passion* aber kennt man den

Dichter der madrigalisch-pietistisch gefärbten Texte zu Arien und Rahmenchören nicht. So liegt die Vermutung nahe, Bach selber könne sie verfaßt haben, doch fand man hierfür bislang keine Beweise. Immerhin gibt es aber ein Indiz für Bachs Mitarbeit an der textlichen Grundlage: in die Erstfassung von 1724 fügte er um der dramatischen Steigerung willen zwei Abschnitte aus dem Matthäus-Evangelium ein (Petri Verzagtheit und das Zerreißen des Vorhangs im Tempel), die er aus späteren Versionen jedoch wieder entfernte.

Im Gegensatz zur *Matthäus-Passion* ist die *Johannes-Passion* »nur« einchörig angelegt: zum vierstimmigen gemischten Chor und dem farbig aufgefächerten zeitgenössisch besetzten Orchester mit Generalbaß treten die vier Solostimmen für Evangelist, Arien und Einzelpersonen der Passionshandlung. Die frühere der beiden erhaltenen Bach-Passionen zeichnet sich durch ihre dramatischere und insgesamt kompaktere Gesamtanlage aus. Sie ist wie ihr Schwesterwerk in zwei ungleich lange Teile gegliedert, die zu Bachs Zeit im Gottesdienst jeweils vor und nach der Predigt aufgeführt wurden. Die packende Dramatik der Handlung äußert sich vor allem in der größeren Anzahl der Turba-Chöre (von lat. *turba* ›Getümmel, Volk‹), in denen das handelnde Volk der Leidensgeschichte auftritt.

Im Mittelpunkt des Werkes steht die Gerichtsszene vor Pilatus; sie ist das eigentliche kompositorische Ereignis dieser Passionsmusik und zeichnet sich durch ihre überwältigende dramatische Stringenz aus. In ihr verknüpft sich auf kunstvollste Weise die durchlaufend vom Evangelisten deklamierte Erzählung mit den spontanen Einwürfen des Volkes, wobei Rückgriffe auf vorangehende Chorsätze immer wieder musikalische Querverbindungen schaffen. An dieser Szene läßt sich Bachs eminente dramatische Begabung ermessen, und man mag deshalb bedauern, daß er nie eine Oper komponiert hat.

Die *Johannes-Passion* wird durch zwei große freie Chorsätze eingerahmt, wobei den eigentlichen besinnlichen Schlußpunkt ein zarter Choral setzt (»Ach Herr, laß dein lieb Engelein«). Ihm voran geht in liedhaft schlichter Gebärde ein ergreifender Trauergesang im langsamen Tanzschritt des lastenden Dreiertaktes (»Ruhet wohl«). Zu Beginn dagegen erklingt ein düsterer, mächtiger Trauermarsch in Dacapo-Form, dessen Rahmenteile durch eine kreisende Ostinato-Formel im Orchester geprägt werden (»Herr, unser Herrscher«).

ERSTER TEIL

1. Chor

Herr, unser Herrscher, dessen Ruhm
In allen Landen herrlich ist!
Zeig uns durch deine Passion,
Daß du, der wahre Gottessohn,
Zu aller Zeit,
Auch in der größten Niedrigkeit,
Verherrlicht worden bist!

2. Rezitativ (T, B)

(Evangelist, Jesus)

Tenor

Jesus ging mit seinen Jüngern über den Bach Kidron, da war ein Garte, darein ging Jesus und seine Jünger. Judas aber, der ihn verriet, wußte den Ort auch, denn Jesus versammlete sich oft daselbst mit seinen Jüngern. Da nun Judas zu sich hatte genommen die Schar und der Hohenpriester und Pharisäer Diener, kommt er dahin mit Fackeln, Lampen und mit Waffen. Als nun Jesus wußte alles, was ihm begegnen sollte, ging er hinaus und sprach zu ihnen:

Baß

Wen suchet ihr?

Tenor

Sie antworteten ihm:

3. Chor

Jesum von Nazareth.

4. Rezitativ (T, B)

(Evangelist, Jesus)

Tenor

Jesus spricht zu ihnen:

Baß

Ich bin's.

Tenor

Judas aber, der ihn verriet, stund auch bei ihnen. Als nun Jesus zu ihnen sprach: Ich bin's, wichen sie zurücke und fielen zu Boden. Da fragete er sie abermal:

Baß

Wen suchet ihr?

Tenor

Sie aber sprachen:

5. Chor

Jesum von Nazareth.

6. Rezitativ (T, B)

(Evangelist, Jesus)

Tenor

Jesus antwortete:

Baß

Ich hab's euch gesagt, daß ich's sei, suchet ihr denn mich, so lasset diese gehen!

7. Chor

**O große Lieb, o Lieb ohn alle Maße,
Die dich gebracht auf diese Marterstraße!
Ich lebte mit der Welt in Lust und Freuden,
Und du mußt leiden.**

8. Rezitativ (T, B)

(Evangelist, Jesus)

Tenor

Auf daß das Wort erfüllet würde, welches er sagte: Ich habe der keine verloren, die du mir gegeben hast. Da hatte Simon Petrus ein Schwert und zog es aus und schlug nach des Hohenpriesters Knecht und hieb ihm sein recht Ohr ab; und der Knecht hieß Malchus. Da sprach Jesus zu Petro:

Baß

Stecke dein Schwert in die Scheide! Soll ich den Kelch nicht trinken, den mir mein Vater gegeben hat?

9. Chor

**Dein Will gescheh, Herr Gott, zugleich
Auf Erden wie im Himmelreich.
Gib uns Geduld in Leidenszeit,
Gehorsam sein in Lieb und Leid;
Wehr und steur allem Fleisch und Blut,
Das wider deinen Willen tut!**

10. Rezitativ (T)

(Evanglist)

Die Schar aber und der Oberhauptmann und die Diener der Jüden nahmen Jesum und bunden ihn und führeten ihn aufs erste zu Hannas, der war Kaiphas Schwäher, welcher des Jahres Hoherpriester war. Es war aber Kaiphas, der den Juden riet, es wäre gut, daß ein Mensch würde umbracht für das Volk.

11. Arie (A)

Von den Stricken meiner Sünden
Mich zu entbinden,
Wird mein Heil gebunden.
  Mich von allen Lasterbeulen
  Völlig zu heilen,
  Läßt er sich verwunden.

12. Rezitativ (T)

(Evangelist)

Simon Petrus aber folgete Jesu nach und ein ander Jünger.

13. Arie (S)

Ich folge dir gleichfalls mit freudigen Schritten
Und lasse dich nicht,
Mein Leben, mein Licht.
  Befördre den Lauf
  Und höre nicht auf,
  Selbst an mir zu ziehen, zu schieben, zu bitten.

14. Rezitativ (T I, S, B I, B II, T II)

(Evangelist, Magd, Petrus, Jesus, Diener)

Tenor I

Derselbige Jünger war dem Hohenpriester bekannt und ging mit Jesu hinein in des Hohenpriesters Palast. Petrus aber stund draußen für der Tür. Da ging der andere Jünger, der dem Hohenpriester bekannt war, hinaus und redete mit der Türhüterin und führete Petrum hinein. Da sprach die Magd, die Türhüterin, zu Petro:

Sopran

Bist du nicht dieses Menschen Jünger einer?

Tenor I

Er sprach:

Baß I

Ich bin's nicht.

Tenor I

Es stunden aber die Knechte und Diener und hatten ein Kohlfeu'r gemacht (denn es war kalt) und wärmeten sich. Petrus aber stund bei ihnen und wärmete sich. Aber der Hohepriester fragte Jesum um seine Jünger und um seine Lehre. Jesus antwortete ihm:

Baß II

Ich habe frei, öffentlich geredet für der Welt. Ich habe allezeit gelehret in der Schule und in dem Tempel, da alle Juden zusammenkommen, und habe nichts im Verborgnen geredt. Was fragest du mich darum? Frage die darum, die gehöret haben, was ich zu ihnen geredet habe! Siehe, dieselbigen wissen, was ich gesaget habe.

Tenor I

Als er aber solches redete, gab der Diener einer, die dabeistunden, Jesu einen Backenstreich und sprach:

Tenor II

Solltest du dem Hohenpriester also antworten?

Tenor I

Jesus aber antwortete:

Baß II

Hab ich übel geredt, so beweise es, daß es böse sei, hab ich aber recht geredt, was schlägest du mich?

15. Chor

Wer hat dich so geschlagen,
Mein Heil, und dich mit Plagen
So übel zugericht'?
Du bist ja nicht ein Sünder
Wie wir und unsre Kinder,
Von Missetaten weißt du nicht.

Ich, ich und meine Sünden,
Die sich wie Körnlein finden
Des Sandes an dem Meer,
Die haben dir erreget
Das Elend, das dich schläget,
Und das betrübte Marterheer.

16. Rezitativ (T)

(Evangelist)

Und Hannas sandte ihn gebunden zu dem Hohenpriester Kaiphas. Simon Petrus stund und wärmete sich, da sprachen sie zu ihm:

17. Chor

Bist du nicht seiner Jünger einer?

18. Rezitativ (T I, B, T II)

(Evangelist, Petrus, Diener)

Tenor I

Er leugnete aber und sprach:

Baß

Ich bin's nicht.

Tenor I

Spricht des Hohenpriesters Knecht' einer, ein Gefreundter des, dem Petrus das Ohr abgehauen hatte:

Tenor II

Sahe ich dich nicht im Garten bei ihm?

Tenor I

Da verleugnete Petrus abermal, und alsobald krähete der Hahn. Da gedachte Petrus an die Worte Jesu und ging hinaus und weinete bitterlich.

19. Arie (T)

Ach, mein Sinn,
Wo willt du endlich hin,
Wo soll ich mich erquicken?
Bleib ich hier,
Oder wünsch ich mir
Berg und Hügel auf den Rücken?
Bei der Welt ist gar kein Rat,
Und im Herzen
Stehn die Schmerzen
Meiner Missetat,
Weil der Knecht den Herrn verleugnet hat.

20. Chor

Petrus, der nicht denkt zurück,
Seinen Gott verneinet,
Der doch auf ein' ernsten Blick
Bitterlichen weinet.
Jesu, blicke mich auch an,
Wenn ich nicht will büßen;
Wenn ich Böses hab getan,
Rühre mein Gewissen!

ZWEITER TEIL

21. Chor

Christus, der uns selig macht,
Kein Bös' hat begangen,
Der ward für uns in der Nacht
Als ein Dieb gefangen,
Geführt für gottlose Leut
Und fälschlich verklaget,
Verlacht, verhöhnt und verspeit,
Wie denn die Schrift saget.

22. Rezitativ (T, B)

(Evangelist, Pilatus)

Tenor

Da führeten sie Jesum von Kaiphas vor das Richthaus, und es war frühe. Und sie gingen nicht in das Richthaus, auf daß sie nicht unrein würden, sondern Ostern essen möchten. Da ging Pilatus zu ihnen heraus und sprach:

Baß

Was bringet ihr für Klage wider diesen Menschen?

Tenor

Sie antworteten und sprachen zu ihm:

23. Chor

Wäre dieser nicht ein Übeltäter, wir hätten dir ihn nicht überantwortet.

24. Rezitativ (T, B)

(Evangelist, Pilatus)

Tenor

Da sprach Pilatus zu ihnen:

Baß

So nehmet ihr ihn hin und richtet ihn nach eurem Gesetze!

Tenor

Da sprachen die Jüden zu ihm:

25. Chor

Wir dürfen niemand töten.

26. Rezitativ (T, B I, B II)

(Evangelist, Pilatus, Jesus)

Tenor

Auf daß erfüllet würde das Wort Jesu, welches er sagte, da er deutete, welches Todes er sterben würde. Da ging Pilatus wieder hinein in das Richthaus und rief Jesu und sprach zu ihm:

Baß I

Bist du der Jüden König?

Tenor

Jesus antwortete:

Baß II

Redest du das von dir selbst, oder haben's dir andere von mir gesagt?

Tenor

Pilatus antwortete:

Baß I

Bin ich ein Jüde? Dein Volk und die Hohenpriester haben dich mir überantwortet; was hast du getan?

Tenor

Jesus antwortete:

Baß II

Mein Reich ist nicht von dieser Welt; wäre mein Reich von dieser Welt, meine Diener würden darob kämpfen, daß ich den Jüden nicht überantwortet würde; aber nun ist mein Reich nicht von dannen.

27. Chor

Ach großer König, groß zu allen Zeiten,
Wie kann ich gnugsam diese Treu ausbreiten?
Keins Menschen Herze mag indes ausdenken,
Was dir zu schenken.

Ich kann's mit meinen Sinnen nicht erreichen,
Womit doch dein Erbarmen zu vergleichen.
Wie kann ich dir denn deine Liebestaten
Im Werk erstatten?

28. Rezitativ (T, B I, B II)

(Evangelist, Pilatus, Jesus)

Tenor

Da sprach Pilatus zu ihm:

Baß I

So bist du dennoch ein König?

Tenor

Jesus antwortete:

Baß II

Du sagst's, ich bin ein König. Ich bin dazu geboren und in die Welt kommen, daß ich die Wahrheit zeugen soll. Wer aus der Wahrheit ist, der höret meine Stimme.

Tenor

Spricht Pilatus zu ihm:

Baß I

Was ist Wahrheit?

Tenor

Und da er das gesaget, ging er wieder hinaus zu den Jüden und spricht zu ihnen:

Baß I

Ich finde keine Schuld an ihm. Ihr habt aber eine Gewohnheit, daß ich euch einen losgebe; wollt ihr nun, daß ich euch der Jüden König losgebe?

Tenor

Da schrieen sie wieder allesamt und sprachen:

29. Chor

Nicht diesen, sondern Barrabam!

30. Rezitativ (T)

(Evangelist)

Barrabas aber war ein Mörder. Da nahm Pilatus Jesum und geißelte ihn.

31. Arioso (B)

Betrachte, meine Seel, mit ängstlichem Vergnügen,
Mit bittrer Lust und halb beklemmtem Herzen
Dein höchstes Gut in Jesu Schmerzen,
Wie dir auf Dornen, so ihn stechen,
Die Himmelsschlüsselblumen blühn!
Du kannst viel süße Frucht von seiner Wermut brechen,
Drum sieh ohn Unterlaß auf ihn!

32. Arie (T)

Erwäge, wie sein blutgefärbter Rücken
In allen Stücken
Dem Himmel gleiche geht,
  Daran, nachdem die Wasserwogen
  Von unsrer Sündflut sich verzogen,
  Der allerschönste Regenbogen
  Als Gottes Gnadenzeichen steht!

33. Rezitativ (T)

(Evangelist)

Und die Kriegsknechte flochten eine Krone von Dornen und satzten sie auf sein Haupt und legten ihm ein Purpurkleid an und sprachen:

34. Chor

Sei gegrüßet, lieber Jüdenkönig!

35. Rezitativ (T, B)

(Evangelist, Pilatus)

Tenor

Und gaben ihm Backenstreiche. Da ging Pilatus wieder heraus und sprach zu ihnen:

Baß

Sehet, ich führe ihn heraus zu euch, daß ihr erkennet, daß ich keine Schuld an ihm finde.

Tenor

Also ging Jesus heraus und trug eine Dornenkrone und Purpurkleid. Und er sprach zu ihnen:

Baß

Sehet, welch ein Mensch!

Tenor

Da ihn die Hohenpriester und die Diener sahen, schrieen sie und sprachen:

36. Chor

Kreuzige, kreuzige!

37. Rezitativ (T, B)

(Evangelist, Pilatus)

Tenor

Pilatus sprach zu ihnen:

Baß

Nehmet ihr ihn hin und kreuziget ihn; denn ich finde keine Schuld an ihm!

Tenor

Die Jüden antworteten ihm:

38. Chor

Wir haben ein Gesetz, und nach dem Gesetz soll er sterben; denn er hat sich selbst zu Gottes Sohn gemacht.

39. Rezitativ (T, B I, B II)

(Evangelist, Pilatus, Jesus)

Tenor

Da Pilatus das Wort hörete, fürchtet' er sich noch mehr und ging wieder hinein in das Richthaus und spricht zu Jesu:

Baß I

Von wannen bist du?

Tenor

Aber Jesus gab ihm keine Antwort. Da sprach Pilatus zu ihm:

Baß I

Redest du nicht mit mir? Weißest du nicht, daß ich Macht habe, dich zu kreuzigen, und Macht habe, dich loszugeben?

Tenor

Jesus antwortete:

Baß II

Du hättest keine Macht über mich, wenn sie dir nicht wäre von oben herab gegeben; darum, der mich dir überantwortet hat, der hat's größ're Sünde.

Tenor

Von dem an trachtete Pilatus, wie er ihn losließe.

40. Chor

Durch dein Gefängnis, Gottes Sohn,
Muß uns die Freiheit kommen;
Dein Kerker ist der Gnadenthron,
Die Freistatt aller Frommen;
Denn gingst du nicht die Knechtschaft ein,
Müßt unsre Knechtschaft ewig sein.

41. Rezitativ (T)

(Evangelist)

Die Jüden aber schrieen und sprachen:

42. Chor

Lässest du diesen los, so bist du des Kaisers Freund nicht; denn wer sich zum Könige machet, der ist wider den Kaiser.

43. Rezitativ (T, B)

(Evangelist, Pilatus)

Tenor

Da Pilatus das Wort hörete, führete er Jesum heraus und satzte sich auf den Richtstuhl, an der Stätte, die da heißet: Hochpflaster, auf Ebräisch aber: Gabbatha. Es war aber der Rüsttag in Ostern um die sechste Stunde, und er spricht zu den Jüden:

Baß

Sehet, das ist euer König!

Tenor

Sie schrieen aber:

44. Chor

Weg, weg mit dem, kreuzige ihn!

45. Rezitativ (T, B)

(Evangelist, Pilatus)

Tenor

Spricht Pilatus zu ihnen:

Baß

Soll ich euren König kreuzigen?

Tenor

Die Hohenpriester antworteten:

46. Chor

Wir haben keinen König denn den Kaiser.

47. Rezitativ (T)

(Evangelist)

Da überantwortete er ihn, daß er gekreuziget würde. Sie nahmen aber Jesum und führeten ihn hin. Und er trug sein

Kreuz und ging hinaus zur Stätte, die da heißet Schädelstätt, welche heißet auf Ebräisch: Golgatha.

48. Arie (B) und Chor

Eilt, ihr angefochtnen Seelen,
Geht aus euren Marterhöhlen,
Eilt – Wohin? – nach Golgatha!
  Nehmet an des Glaubens Flügel,
  Flieht – Wohin? – zum Kreuzeshügel,
  Eure Wohlfahrt blüht allda!

49. Rezitativ (T)

(Evangelist)

Allda kreuzigten sie ihn, und mit ihm zween andere zu beiden Seiten, Jesum aber mitten inne. Pilatus aber schrieb eine Überschrift und satzte sie auf das Kreuz, und war geschrieben: »Jesus von Nazareth, der Jüden König«. Diese Überschrift lasen viel Jüden, denn die Stätte war nahe bei der Stadt, da Jesus gekreuziget ist. Und es war geschrieben auf ebräische, griechische und lateinische Sprache. Da sprachen die Hohenpriester der Jüden zu Pilato:

50. Chor

Schreibe nicht: der Jüden König, sondern daß er gesaget habe: Ich bin der Jüden König.

51. Rezitativ (T, B)

(Evangelist, Pilatus)

Tenor

Pilatus antwortet:

Baß

Was ich geschrieben habe, das habe ich geschrieben.

52. Chor

In meines Herzens Grunde
Dein Nam und Kreuz allein
Funkelt all Zeit und Stunde,
Drauf kann ich fröhlich sein.
Erschein mir in dem Bilde
Zu Trost in meiner Not,
Wie du, Herr Christ, so milde
Dich hast geblut' zu Tod!

53. Rezitativ (T)

(Evangelist)

Die Kriegsknechte aber, da sie Jesum gekreuziget hatten, nahmen seine Kleider und machten vier Teile, einem jeglichen Kriegesknechte sein Teil, dazu auch den Rock. Der Rock aber war ungenähet, von oben an gewürket durch und durch. Da sprachen sie untereinander:

54. Chor

Lasset uns den nicht zerteilen, sondern darum losen, wes er sein soll.

55. Rezitativ (T, B)

(Evangelist, Jesus)

Tenor

Auf daß erfüllet würde die Schrift, die da saget: »Sie haben meine Kleider unter sich geteilet und haben über meinen Rock das Los geworfen«. Solches taten die Kriegesknechte. Es stund aber bei dem Kreuze Jesu seine Mutter und seiner Mutter Schwester, Maria, Kleophas Weib, und Maria Magdalena. Da nun Jesus seine Mutter sahe und den Jünger dabei stehen, den er lieb hatte, spricht er zu seiner Mutter:

Baß

Weib, siehe, das ist dein Sohn!

Tenor

Darnach spricht er zu dem Jünger:

Baß

Siehe, das ist deine Mutter!

56. Chor

Er nahm alles wohl in acht
In der letzten Stunde,
Seine Mutter noch bedacht,
Setzt ihr ein' Vormunde.
O Mensch, mache Richtigkeit,
Gott und Menschen liebe,
Stirb darauf ohn alles Leid,
Und dich nicht betrübe!

57. Rezitativ (T, B)

(Evangelist, Jesus)

Tenor

Und von Stund an nahm sie der Jünger zu sich. Darnach, als Jesus wußte, daß schon alles vollbracht war, daß die Schrift erfüllet würde, spricht er:

Baß

Mich dürstet!

Tenor

Da stund ein Gefäße voll Essigs. Sie fülleten aber einen Schwamm mit Essig und legten ihn um einen Isopen, und hielten es ihm dar zum Munde. Da nun Jesus den Essig genommen hatte, sprach er:

Baß

Es ist vollbracht!

58. Arie (A)

Es ist vollbracht!
O Trost vor die gekränkten Seelen!
Die Trauernacht
Läßt nun die letzte Stunde zählen.
Der Held aus Juda siegt mit Macht
Und schließt den Kampf.
Es ist vollbracht!

59. Rezitativ (T)

(Evangelist)

Und neiget das Haupt und verschied.

60. Arie (B) und Chor

Mein teurer Heiland, laß dich fragen,
Jesu, der du warest tot,
Da du nunmehr ans Kreuz geschlagen
Und selbst gesagt: Es ist vollbracht,
Lebest nun ohn Ende,
Bin ich vom Sterben frei gemacht?
In der letzten Todesnot
Nirgend mich hinwende
Kann ich durch deine Pein und Sterben
Das Himmelreich ererben?
Ist aller Welt Erlösung da?
Als zu dir, der mich versühnt,
O du lieber Herre!
Du kannst vor Schmerzen zwar nichts sagen;
Gib mir nur, was du verdient,
Doch neigest du das Haupt
Und sprichst stillschweigend: ja.
Mehr ich nicht begehre!

61. Rezitativ (T)

(Evangelist)

Und siehe da, der Vorhang im Tempel zerriß in zwei Stück von oben an bis unten aus. Und die Erde erbebete, und die Felsen zerrissen, und die Gräber täten sich auf, und stunden auf viel Leiber der Heiligen.

62. Arioso (T)

Mein Herz, in dem die ganze Welt
Bei Jesu Leiden gleichfalls leidet,
Die Sonne sich in Trauer kleidet,
Der Vorhang reißt, der Fels zerfällt,
Die Erde bebt, die Gräber spalten,
Weil sie den Schöpfer sehn erkalten,
Was willst du deines Ortes tun?

63. Arie (S)

Zerfließe, mein Herze, in Fluten der Zähren
Dem Höchsten zu Ehren!
  Erzähle der Welt und dem Himmel die Not:
  Dein Jesus ist tot!

64. Rezitativ (T)

(Evangelist)

Die Jüden aber, dieweil es der Rüsttag war, daß nicht die Leichname am Kreuze blieben den Sabbat über (denn desselbigen Sabbats Tag war sehr groß), baten sie Pilatum, daß ihre Beine gebrochen und sie abgenommen würden. Da kamen die Kriegsknechte und brachen dem ersten die Beine und dem andern, der mit ihm gekreuziget war. Als sie aber zu Jesu kamen, da sie sahen, daß er schon gestorben war, brachen sie ihm die Beine nicht; sondern der Kriegsknechte einer eröffnete seine Seite mit einem Speer, und alsobald ging Blut und Wasser heraus. Und der das gesehen hat, der hat es bezeuget, und sein Zeugnis ist wahr, und derselbige weiß, daß er die Wahrheit saget, auf daß ihr gläubet. Denn solches ist geschehen, auf daß die Schrift erfüllet würde: »Ihr sollet ihm kein Bein zerbrechen«. Und abermal spricht eine andere Schrift: »Sie werden sehen, in welchen sie gestochen haben«.

65. Chor

O hilf, Christe, Gottes Sohn,
Durch dein bitter Leiden,
Daß wir dir stets untertan
All Untugend meiden,
Deinen Tod und sein Ursach
Fruchtbarlich bedenken,
Dafür, wiewohl arm und schwach,
Dir Dankopfer schenken!

66. Rezitativ (T)

(Evangelist)

Darnach bat Pilatum Joseph von Arimathia, der ein Jünger Jesu war (doch heimlich aus Furcht vor den Jüden), daß er möchte abnehmen den Leichnam Jesu. Und Pilatus erlaubete es. Derowegen kam er und nahm den Leichnam Jesu herab. Es kam aber auch Nikodemus, der vormals bei der Nacht zu Jesu kommen war, und brachte Myrrhen und Aloen untereinander, bei hundert Pfunden. Da nahmen sie den Leichnam Jesu und bunden ihn in leinen Tücher mit Spezereien, wie die Jüden pflegen zu begraben. Es war aber an der Stätte, da er gekreuziget ward, ein Garte, und im Garten ein neu Grab, in welches niemand je geleget war. Daselbst hin legten sie Jesum, um des Rüsttags willen der Jüden, dieweil das Grab nahe war.

67. Chor

Ruht wohl, ihr heiligen Gebeine,
Die ich nun weiter nicht beweine,
Ruht wohl und bringt auch mich zur Ruh!
  Das Grab, so euch bestimmet ist
  Und ferner keine Not umschließt,
  Macht mir den Himmel auf und schließt die Hölle zu.

68. Chor

Ach Herr, laß dein lieb Engelein
Am letzten End die Seele mein
In Abrahams Schoß tragen,
Den Leib in seim Schlafkämmerlein
Gar sanft ohn einge Qual und Pein
Ruhn bis am jüngsten Tage!
Alsdenn vom Tod erwecke mich,
Daß meine Augen sehen dich
In aller Freud, o Gottes Sohn,
Mein Heiland und Genadenthron!
Herr Jesu Christ, erhöre mich,
Ich will dich preisen ewiglich!

Matthäus-Passion

(BWV 244)

Bachs Passionsmusik nach dem Evangelisten Matthäus ist heute als Maßstab für eine ganze Gattung unumstritten. Ihre Rezeptionsgeschichte aber dokumentiert in seltener Eindringlichkeit das mögliche Spektrum zwischen höchster Wertschätzung und nahezu völligem Vergessen auch singulärer Meisterwerke. Als Felix Mendelssohn Bartholdy 1829 in Berlin, genau hundert Jahre nach der Uraufführung am 15. April 1729 in Leipzig, sich als erster an eine Wiederaufführung wagte, leitete er mit seiner Pioniertat den allmählichen Aufstieg ein, wenn auch zunächst noch mit einer beträchtlich gekürzten und bearbeiteten Fassung.

Mit der früheren *Johannes-Passion* hat das Werk seine stilistische Grundhaltung und seine strukturelle Gliederung gemeinsam. Ausgangspunkt sind hier wie dort die drei textlich voneinander geschiedenen und aufeinander bezogenen Ebenen: zuerst der lebendige Bericht des Evangelisten, vorgetragen als Tenor-Rezitativ und ergänzt durch solistische und chorische »Rollenaufteilung« handelnder Personen (Petrus, Hohepriester, Judas, Volk usw.); dann die kontemplativ das dramatische Glaubensgeschehen begleitende und kommentierende Gemeinde mit ihren Choralstrophen; schließlich die pietistisch getönten lyrisch-empfindsamen Betrachtungen in Gestalt der Texte von Christian Friedrich Henrici (1700–64), genannt Picander. Jeder dieser drei textlichen Ebenen ist eine eigene musikalische Ausdrucksebene zugeordnet: Die Evangelisten-Rezitative werden als »Secco« lediglich vom Generalbaß gestützt; ihr Ausdruck paßt sich flexibel deklamierend den unterschiedlichen Stufen der Handlungsdramatik an. Allein die Worte Christi sind durch ihre besondere Instrumentierung hervorgehoben: die Akkorde werden hier durch Streicherklänge gleichsam dem irdischen Kontext entzogen (Albert Schweitzer fand hierfür den treffenden Vergleich des »musikalischen Heiligenscheines«). Die Einwürfe des Volkes fügen sich in diesen musikalisch-dramatischen Kontext jeweils als kompakte Chorsätze (Turba-Chöre).

Die gemeindlichen Choralstrophen als zweite Ebene entnahm Bach der lutherischen Tradition des 16. und 17. Jahrhunderts; sie wirken als besinnlich-retardierende Momente innerhalb des tragisch vorandrängenden Geschehens. Die lyrischen Texte Picanders als dritte Ebene sind einmal den großen, das ganze Werk rahmenden Chören zugeordnet: zu Beginn gleichen sie im riesenhaften Gebäude einer dreiteiligen Dacapo-Form (»Kommt, ihr Töchter«) einem Kondukt, am Ende einem ergreifenden Trauergesang (»Wir setzen uns mit Tränen nieder«). Zum andern bilden sie die Basis aller solistischen Nummern (Arien und Ensembles). Hieraus ergibt sich die Besetzung des Werkes: Solostimmen in allen vier Stimmlagen, gemischter Chor, Orchester und Basso continuo. Die eigentliche Besonderheit der *Matthäus-Passion* aber liegt in ihrer Zweichörigkeit: zwei vierstimmigen Chören sind zwei etwas unterschiedlich besetzte Instrumentalensembles zugeordnet. Dieses Prinzip der Doppelchörigkeit als eines auch räumlichen Effektes wird besonders eindringlich im Eröffnungschor genutzt, wobei hier noch ein Ripieno-Chor (Sopran) eine Choralmelodie einfügt. In der Leipziger Thomaskirche, dem Uraufführungsort, boten die verschiedenen Emporen Anlaß zu diesem Kunstgriff. Das vollständige Werk erklang im Rahmen eines Gottesdienstes, in zwei Teilen vor und nach der Predigt – eine für unsere Zeit unvorstellbare zeitliche Ausdehnung.

Die *Matthäus-Passion* unterscheidet sich von ihrem Schwesterwerk durch ihre größere Länge, vor allem aber durch ihre epischere, kontemplativere Breite. Das läßt sich auch am unterschiedlichen Verhältnis von Arien und Chören ablesen, bei dem sich Soli und Turba-Chöre fast die Waage halten. Doch wie bei der *Johannes-Passion* gibt es auch hier mehrere, wenngleich nicht so stark voneinander abweichende Fassungen, bedingt durch Nachfolgeaufführungen (1736, 1740, 1745 und 1747); eine Version »letzter Hand« existiert auch hier nicht, so daß vor Aufführungen jeweils grundlegende Entscheidungen hinsichtlich der zu wählenden Fassung getroffen werden müssen.

ERSTER TEIL

1. Chor

Kommt, ihr Töchter, helft mir klagen,
Sehet – Wen? – den Bräutigam,
Seht ihn – Wie? – als wie ein Lamm!
O Lamm Gottes, unschuldig
Am Stamm des Kreuzes geschlachtet,
Sehet, – Was? – seht die Geduld,
Allzeit erfunden geduldig,
Wiewohl du warest verachtet.
Seht – Wohin? – auf unsre Schuld;
All Sünd hast du getragen,
Sonst müßten wir verzagen.
Sehet ihn aus Lieb und Huld
Holz zum Kreuze selber tragen!
Erbarm dich unser, o Jesu!

2. Rezitativ (T, B)

(Evangelist, Jesus)

Tenor

Da Jesus diese Rede vollendet hatte, sprach er zu seinen Jüngern:

Baß

Ihr wisset, daß nach zweien Tagen Ostern wird, und des Menschen Sohn wird überantwortet werden, daß er gekreuziget werde.

3. Chor

Herzliebster Jesu, was hast du verbrochen,
Daß man ein solch scharf Urteil hat gesprochen?
Was ist die Schuld, in was für Missetaten
Bist du geraten?

4. Rezitativ (T)

(Evangelist)

Da versammleten sich die Hohenpriester und Schriftgelehrten und die Ältesten im Volk in den Palast des Hohenpriesters, der da hieß Kaiphas, und hielten Rat, wie sie Jesum mit Listen griffen und töteten. Sie sprachen aber:

5. Chor

Ja nicht auf das Fest, auf daß nicht ein Aufruhr werde im Volk.

6. Rezitativ (T)

(Evangelist)

Da nun Jesus war zu Bethanien, im Hause Simonis des Aussätzigen, trat zu ihm ein Weib, die hatte ein Glas mit köstlichem Wasser und goß es auf sein Haupt, da er zu Tische saß. Da das seine Jünger sahen, wurden sie unwillig und sprachen:

7. Chor

Wozu dienet dieser Unrat? Dieses Wasser hätte mögen teuer verkauft und den Armen gegeben werden.

8. Rezitativ (T, B)

(Evangelist, Jesus)

Tenor

Da das Jesus merkete, sprach er zu ihnen:

Baß

Was bekümmert ihr das Weib? Sie hat ein gut Werk an mir getan. Ihr habet allezeit Armen bei euch, mich aber habt ihr nicht allezeit. Daß sie dies Wasser hat auf meinen Leib gegossen, hat sie getan, daß man mich begraben wird. Wahrlich, ich sage euch: Wo dies Evangelium gepredigt wird in der ganzen Welt, da wird man auch sagen zu ihrem Gedächtnis, was sie getan hat.

9. Rezitativ (A)

Du lieber Heiland du,
Wenn deine Jünger töricht streiten,
Daß dieses fromme Weib
Mit Salben deinen Leib
Zum Grabe will bereiten,
So lasse mir inzwischen zu,
Von meiner Augen Tränenflüssen
Ein Wasser auf dein Haupt zu gießen!

10. Arie (A)

Buß und Reu
Knirscht das Sündenherz entzwei,
  Daß die Tropfen meiner Zähren
  Angenehme Spezerei,
  Treuer Jesu, dir gebären.

11. Rezitativ (T, B)

(Evangelist, Judas)

Tenor

Da ging hin der Zwölfen einer, mit Namen Judas Ischarioth, zu den Hohenpriestern und sprach:

Baß

Was wollt ihr mir geben? Ich will ihn euch verraten.

Tenor

Und sie boten ihm dreißig Silberlinge. Und von dem an suchte er Gelegenheit, daß er ihn verriete.

12. Arie (S)

Blute nur, du liebes Herz!
Ach! ein Kind, das du erzogen,
Das an deiner Brust gesogen,
Droht den Pfleger zu ermorden,
Denn es ist zur Schlange worden.

13. Rezitativ (T)

(Evangelist)

Aber am ersten Tage der süßen Brot traten die Jünger zu Jesu und sprachen zu ihm:

14. Chor

Wo willst du, daß wir dir bereiten, das Osterlamm zu essen?

15. Rezitativ (T, B)

(Evangelist, Jesus)

Tenor

Er sprach:

Baß

Gehet hin in die Stadt zu einem und sprecht zu ihm: Der Meister läßt dir sagen: Meine Zeit ist hier, ich will bei dir die Ostern halten mit meinen Jüngern.

Tenor

Und die Jünger täten, wie ihnen Jesus befohlen hatte, und bereiteten das Osterlamm. Und am Abend satzte er sich zu Tische mit den Zwölfen. Und da sie aßen, sprach er:

Baß

Wahrlich, ich sage euch: Einer unter euch wird mich verraten.

Rezitativ (T)

(Evangelist)

Und sie wurden sehr betrübt und huben an, ein jeglicher unter ihnen, und sagten zu ihm:

Chor

Herr, bin ich's?

16. Chor

Ich bin's, ich sollte büßen,
An Händen und an Füßen
Gebunden in der Höll.
Die Geißeln und die Banden
Und was du ausgestanden,
Das hat verdienet meine Seel.

17. Rezitativ (R, B I, B II)

(Evangelist, Jesus, Judas)

Tenor

Er antwortete und sprach:

Baß I

Der mit der Hand mit mir in die Schüssel tauchet, der wird mich verraten. Des Menschen Sohn gehet zwar dahin, wie von ihm geschrieben stehet; doch wehe dem Menschen, durch welchen des Menschen Sohn verraten wird! Es wäre ihm besser, daß derselbige Mensch noch nie geboren wäre.

Tenor

Da antwortete Judas, der ihn verriet, und sprach:

Baß II

Bin ich's, Rabbi?

Tenor

Er sprach zu ihm:

Baß I

Du sagest's.

Tenor

Da sie aber aßen, nahm Jesus das Brot, dankete und brach's und gab's den Jüngern und sprach:

Baß I

Nehmet, esset, das ist mein Leib.

Tenor

Und er nahm den Kelch und dankete, gab ihnen den und sprach:

Baß I

Trinket alle daraus; das ist mein Blut des neuen Testaments, welches vergossen wird für viele zur Vergebung der Sünden. Ich sage euch: Ich werde von nun an nicht mehr von diesem Gewächs des Weinstocks trinken bis an den Tag, da ich's neu trinken werde mit euch in meines Vaters Reich.

18. Rezitativ (S)

Wiewohl mein Herz in Tränen schwimmt,
Daß Jesus von mir Abschied nimmt,
So macht mich doch sein Testament erfreut:
Sein Fleisch und Blut, o Kostbarkeit,
Vermacht er mir in meine Hände.
Wie er es auf der Welt mit denen Seinen
Nicht böse können meinen,
So liebt er sie bis an das Ende.

19. Arie (S)

Ich will dir mein Herze schenken,
Senke dich, mein Heil, hinein!

Ich will mich in dir versenken;
Ist dir gleich die Welt zu klein,
Ei, so sollst du mir allein
Mehr als Welt und Himmel sein.

20. Rezitativ (T, B)

(Evangelist, Jesus)

Tenor

Und da sie den Lobgesang gesprochen hatten, gingen sie hinaus an den Ölberg. Da sprach Jesus zu ihnen:

Baß

In dieser Nacht werdet ihr euch alle ärgern an mir. Denn es stehet geschrieben: Ich werde den Hirten schlagen, und die Schafe der Herde werden sich zerstreuen. Wenn ich aber auferstehe, will ich vor euch hingehen in Galiläam.

21. Chor

Erkenne mich, mein Hüter,
Mein Hirte, nimm mich an!
Von dir, Quell aller Güter,
Ist mir viel Guts getan.
Dein Mund hat mich gelabet
Mit Milch und süßer Kost,
Dein Geist hat mich begabet
Mit mancher Himmelslust.

22. Rezitativ (T, B I, B II)

(Evangelist, Petrus, Jesus)

Tenor

Petrus aber antwortete und sprach zu ihm:

Baß I

Wenn sie auch alle sich an dir ärgerten, so will ich doch mich nimmermehr ärgern.

Tenor

Jesus sprach zu ihm:

Baß II

Wahrlich, ich sage dir: In dieser Nacht, ehe der Hahn krähet, wirst du mich dreimal verleugnen.

Tenor

Petrus sprach zu ihm:

Baß I

Und wenn ich mit dir sterben müßte, so will ich dich nicht verleugnen.

Tenor

Desgleichen sagten auch alle Jünger.

23. Chor

Ich will hier bei dir stehen;
Verachte mich doch nicht!
Von dir will ich nicht gehen,
Wenn dir dein Herze bricht.
Wenn dein Herz wird erblassen
Im letzten Todesstoß,
Alsdenn will ich dich fassen
In meinen Arm und Schoß.

24. Rezitativ (T, B)
(Evangelist, Jesus)

Tenor

Da kam Jesus mit ihnen zu einem Hofe, der hieß Gethsemane, und sprach zu seinen Jüngern:

Baß

Setzet euch hie, bis daß ich dort hingehe und bete.

Tenor

Und nahm zu sich Petrum und die zween Söhne Zebedäi und fing an zu trauern und zu zagen. Da sprach Jesus zu ihnen:

Baß

Meine Seele ist betrübt bis an den Tod, bleibet hie und wachet mit mir.

25. Rezitativ (T) und Chor

O Schmerz!
Hier zittert das gequälte Herz;
Wie sinkt es hin, wie bleicht sein Angesicht!
Was ist die Ursach aller solcher Plagen?
Der Richter führt ihn vor Gericht.
Da ist kein Trost, kein Helfer nicht.
Ach! meine Sünden haben dich geschlagen;
Er leidet alle Höllenqualen,
Er soll vor fremden Raub bezahlen.
Ich, ach Herr Jesu, habe dies verschuldet,
Was du erduldet.
Ach, könnte meine Liebe dir,
Mein Heil, dein Zittern und dein Zagen
Vermindern oder helfen tragen,
Wie gerne blieb ich hier!

26. Arie (T) und Chor

Ich will bei meinem Jesu wachen,
So schlafen unsre Sünden ein.
Meinen Tod
Büßet seine Seelennot;
Sein Trauren machet mich voll Freuden.
Drum muß uns sein verdienstlich Leiden
Recht bitter und doch süße sein.

27. Rezitativ (T, B)

(Evangelist, Jesus)

Tenor

Und ging hin ein wenig, fiel nieder auf sein Angesicht und betete und sprach:

Baß

Mein Vater, ist's möglich, so gehe dieser Kelch von mir; doch nicht wie ich will, sondern wie du willt.

28. Rezitativ (B)

Der Heiland fällt vor seinem Vater nieder;
Dadurch erhebt er mich und alle
Von unserm Falle
Hinauf zu Gottes Gnade wieder.
Er ist bereit,
Den Kelch, des Todes Bitterkeit
Zu trinken,
In welchen Sünden dieser Welt
Gegossen sind und häßlich stinken,
Weil es dem lieben Gott gefällt.

29. Arie (B)

Gerne will ich mich bequemen,
Kreuz und Becher anzunehmen,
Trink ich doch dem Heiland nach.
Denn sein Mund,
Der mit Milch und Honig fließet,
Hat den Grund
Und des Leidens herbe Schmach
Durch den ersten Trunk versüßet.

30. Rezitativ (T, B)

(Evangelist, Jesus)

Tenor

Und er kam zu seinen Jüngern und fand sie schlafend und sprach zu ihnen:

Baß

Könnet ihr denn nicht eine Stunde mit mir wachen? Wachet

und betet, daß ihr nicht in Anfechtung fallet! Der Geist ist willig, aber das Fleisch ist schwach.

Tenor

Zum andernmal ging er hin, betete und sprach:

Baß

Mein Vater, ist's nicht möglich, daß dieser Kelch von mir gehe, ich trinke ihn denn, so geschehe dein Wille.

31. Chor

Was mein Gott will, das g'scheh allzeit,
Sein Will, der ist der beste,
Zu helfen den'n er ist bereit,
Die an ihn gläuben feste.
Er hilft aus Not, der fromme Gott,
Und züchtiget mit Maßen.
Wer Gott vertraut, fest auf ihn baut,
Den will er nicht verlassen.

32. Rezitativ (T, B I, B II)

(Evangelist, Jesus, Judas)

Tenor

Und er kam und fand sie aber schlafend, und ihre Augen waren voll Schlafs. Und er ließ sie und ging abermal hin und betete zum drittenmal und redete dieselbigen Worte. Da kam er zu seinen Jüngern und sprach zu ihnen:

Baß I

Ach! wollt ihr nun schlafen und ruhen? Siehe, die Stunde ist hie, daß des Menschen Sohn in der Sünder Hände überantwortet wird. Stehet auf, lasset uns gehen; siehe, er ist da, der mich verrät.

Tenor

Und als er noch redete, siehe, da kam Judas, der Zwölfen einer, und mit ihm eine große Schar mit Schwertern und mit Stangen von den Hohenpriestern und Ältesten des Volks.

Und der Verräter hatte ihnen ein Zeichen gegeben und gesagt: »Welchen ich küssen werde, der ist's, den greifet!« Und alsbald trat er zu Jesu und sprach:

Baß II

Gegrüßet seist du, Rabbi!

Tenor

Und küssete ihn. Jesus aber sprach zu ihm:

Baß I

Mein Freund, warum bist du kommen?

Tenor

Da traten sie hinzu und legten die Hände an Jesum und griffen ihn.

33. Arie (Duett; S, A) und Chor

So ist mein Jesus nun gefangen.
  Laßt ihn, haltet, bindet nicht!
Mond und Licht
Ist vor Schmerzen untergangen,
Weil mein Jesus ist gefangen.
  Laßt ihn, haltet, bindet nicht!
Sie führen ihn, er ist gebunden.

Chor

Sind Blitze, sind Donner in Wolken verschwunden?
Eröffne den feurigen Abgrund, o Hölle,
Zertrümmre, verderbe, verschlinge, zerschelle
Mit plötzlicher Wut
Den falschen Verräter, das mördrische Blut!

34. Rezitativ (T, B)

(Evangelist, Jesus)

Tenor

Und siehe, einer aus denen, die mit Jesu waren, reckete die

Hand aus und schlug des Hohenpriesters Knecht und hieb ihm ein Ohr ab. Da sprach Jesus zu ihm:

Baß

Stecke dein Schwert an seinen Ort; denn wer das Schwert nimmt, der soll durchs Schwert umkommen. Oder meinest du, daß ich nicht könnte meinen Vater bitten, daß er mir zuschickte mehr denn zwölf Legion Engel? Wie würde aber die Schrift erfüllet? Es muß also gehen.

Tenor

Zu der Stund sprach Jesus zu den Scharen:

Baß

Ihr seid ausgegangen als zu einem Mörder, mit Schwerten und mit Stangen, mich zu fahen; bin ich doch täglich bei euch gesessen und habe gelehret im Tempel, und ihr habt mich nicht gegriffen. Aber das ist alles geschehen, daß erfüllet würden die Schriften der Propheten.

Tenor

Da verließen ihn alle Jünger und flohen.

35. Chor

**O Mensch, bewein dein Sünde groß,
Darum Christus seins Vaters Schoß
Äußert und kam auf Erden;
Von einer Jungfrau rein und zart
Für uns er hie geboren ward,
Er wollt der Mittler werden.
Den Toten er das Leben gab
Und legt darbei all Krankheit ab,
Bis sich die Zeit herdrange,
Daß er für uns geopfert würd,
Trüg unsrer Sünden schwere Bürd
Wohl an dem Kreuze lange.**

ZWEITER TEIL

36. Arie (A) und Chor

Ach! nun ist mein Jesus hin!
Wo ist denn dein Freund hingegangen,
O du Schönste unter den Weibern?
Ist es möglich, kann ich schauen?
Wo hat sich dein Freund hingewandt?
Ach! mein Lamm in Tigerklauen,
Ach! wo ist mein Jesus hin?
So wollen wir mit dir ihn suchen.
Ach! was soll ich der Seele sagen,
Wenn sie mich wird ängstlich fragen?
Ach! wo ist mein Jesus hin?

37. Rezitativ (T)

(Evangelist)

Die aber Jesum gegriffen hatten, führeten ihn zu dem Hohenpriester Kaiphas, dahin die Schriftgelehrten und Ältesten sich versammlet hatten. Petrus aber folgete ihm nach von ferne bis in den Palast des Hohenpriesters und ging hinein und satzte sich bei die Knechte, auf daß er sähe, wo es hinaus wollte. Die Hohenpriester aber und Ältesten und der ganze Rat suchten falsche Zeugnis wider Jesum, auf daß sie ihn töteten, und funden keines.

38. Chor

Mir hat die Welt trüglich gericht'
Mit Lügen und mit falschem G'dicht,
Viel Netz und heimlich Stricke.
Herr, nimm mein wahr in dieser G'fahr,
B'hüt mich für falschen Tücken!

39. Rezitativ (T I, A, T II, B)

(Evangelist, Zeugen, Hoherpriester)

Tenor I

Und wiewohl viel falsche Zeugen herzutraten, funden sie doch keins. Zuletzt traten herzu zween falsche Zeugen und sprachen:

Alt, Tenor II

Er hat gesagt: Ich kann den Tempel Gottes abbrechen und in dreien Tagen denselben bauen.

Tenor I

Und der Hohepriester stund auf und sprach zu ihm:

Baß

Antwortest du nichts zu dem, das diese wider dich zeugen?

Tenor I

Aber Jesus schwieg stille.

40. Rezitativ (T)

Mein Jesus schweigt
Zu falschen Lügen stille,
Um uns damit zu zeigen,
Daß sein Erbarmens voller Wille
Vor uns zum Leiden sei geneigt,
Und daß wir in dergleichen Pein
Ihm sollen ähnlich sein
Und in Verfolgung stille schweigen.

41. Arie (T)

Geduld!
Wenn mich falsche Zungen stechen.
  Leid ich wider meine Schuld
  Schimpf und Spott,
  Ei, so mag der liebe Gott
  Meines Herzens Unschuld rächen.

42. Rezitativ (T, B I, B II)

(Evangelist, Hoherpriester, Jesus)

Tenor

Und der Hohepriester antwortete und sprach zu ihm:

Baß I

Ich beschwöre dich bei dem lebendigen Gott, daß du uns sagest, ob du seiest Christus, der Sohn Gottes?

Tenor

Jesus sprach zu ihm:

Baß II

Du sagest's. Doch sage ich euch: Von nun an wird's geschehen, daß ihr sehen werdet des Menschen Sohn sitzen zur Rechten der Kraft und kommen in den Wolken des Himmels.

Tenor

Da zerriß der Hohepriester seine Kleider und sprach:

Baß I

Er hat Gott gelästert; was dürfen wir weiter Zeugnis? Siehe, itzt habt ihr seine Gotteslästerung gehöret. Was dünket euch?

Tenor

Sie antworteten und sprachen:

Chor

Er ist des Todes schuldig!

43. Rezitativ (T)

(Evangelist)

Da speieten sie aus in sein Angesicht und schlugen ihn mit Fäusten. Etliche aber schlugen ihn ins Angesicht und sprachen:

Chor

Weissage uns, Christe, wer ist's, der dich schlug?

44. Chor

Wer hat dich so geschlagen,
Mein Heil, und dich mit Plagen
So übel zugericht'?
Du bist ja nicht ein Sünder
Wie wir und unsre Kinder;
Von Missetaten weißt du nicht.

45. Rezitativ (T, S, B)

(Evangelist, Magd, Petrus)

Tenor

Petrus aber saß draußen im Palast; und es trat zu ihm eine Magd und sprach:

Sopran

Und du warest auch mit dem Jesu aus Galiläa.

Tenor

Er leugnete aber vor ihnen allen und sprach:

Baß

Ich weiß nicht, was du sagest.

Tenor

Als er aber zur Tür hinausging, sahe ihn eine andere und sprach zu denen, die da waren:

Sopran

Dieser war auch mit dem Jesu von Nazareth.

Tenor

Und er leugnete abermal und schwur dazu:

Baß

Ich kenne des Menschen nicht.

Tenor

Und über eine kleine Weile traten hinzu, die da stunden, und sprachen zu Petro:

46. Chor

Wahrlich, du bist auch einer von denen; denn deine Sprache verrät dich.

Rezitativ (T, B)

(Evangelist, Petrus)

Tenor

Da hub er an, sich zu verfluchen und zu schwören:

Baß

Ich kenne des Menschen nicht.

Tenor

Und alsbald krähete der Hahn. Da dachte Petrus an die Worte Jesu, da er zu ihm sagte: Ehe der Hahn krähen wird, wirst du mich dreimal verleugnen. Und ging heraus und weinete bitterlich.

47. Arie (A)

Erbarme dich,
Mein Gott, um meiner Zähren willen!
Schaue hier,
Herz und Auge weint vor dir
Bitterlich.

48. Chor

Bin ich gleich von dir gewichen,
Stell ich mich doch wieder ein;
Hat uns doch dein Sohn verglichen
Durch sein' Angst und Todespein.
Ich verleugne nicht die Schuld;
Aber deine Gnad und Huld
Ist viel größer als die Sünde,
Die ich stets in mir befinde.

49. Rezitativ (T, B)

(Evangelist, Judas)

Tenor

Des Morgens aber hielten alle Hohepriester und die Ältesten des Volks einen Rat über Jesum, daß sie ihn töteten. Und bunden ihn, führeten ihn hin und überantworteten ihn dem Landpfleger Pontio Pilato. Da das sahe Judas, der ihn verraten hatte, daß er verdammt war zum Tode, gereuete es ihn und brachte herwieder die dreißig Silberlinge den Hohenpriestern und Ältesten und sprach:

Baß

Ich habe übel getan, daß ich unschuldig Blut verraten habe.

Tenor

Sie sprachen:

Chor

Was gehet uns das an? Da siehe du zu!

50. Rezitativ (T, B I, B II)

(Evangelist, Hohepriester)

Tenor

Und er warf die Silberlinge in den Tempel, hub sich davon, ging hin und erhängete sich selbst. Aber die Hohenpriester nahmen die Silberlinge und sprachen:

Baß I und Baß II

Es taugt nicht, daß wir sie in den Gotteskasten legen, denn es ist Blutgeld.

51. Arie (B)

Gebt mir meinen Jesum wieder!
Seht, das Geld, den Mörderlohn,
Wirft euch der verlorne Sohn
Zu den Füßen nieder!

52. Rezitativ (T, B I, B II)

(Evangelist, Pilatus, Jesus)

Tenor

Sie hielten aber einen Rat und kauften einen Töpfersacker darum zum Begräbnis der Pilger. Daher ist derselbige Acker genennet der Blutacker bis auf den heutigen Tag. Da ist erfüllet, das gesagt ist durch den Propheten Jeremias, da er spricht: »Sie haben genommen dreißig Silberlinge, damit bezahlet ward der Verkaufte, welchen sie kauften von den Kindern Israel, und haben sie gegeben um einen Töpfersacker, als mir der Herr befohlen hat.« Jesus aber stund vor dem Landpfleger; und der Landpfleger fragte ihn und sprach:

Baß I

Bist du der Jüden König?

Tenor

Jesus aber sprach zu ihm:

Baß II

Du sagest's.

Tenor

Und da er verklagt war von den Hohenpriestern und Ältesten, antwortete er nichts. Da sprach Pilatus zu ihm:

Baß I

Hörest du nicht, wie hart sie dich verklagen?

Tenor

Und er antwortete ihm nicht auf ein Wort, also, daß sich auch der Landpfleger sehr verwunderte.

53. Chor

Befiehl du deine Wege
Und was dein Herze kränkt
Der allertreusten Pflege
Des, der den Himmel lenkt.

Der Wolken, Luft und Winden
Gibt Wege, Lauf und Bahn,
Der wird auch Wege finden,
Da dein Fuß gehen kann.

54. Rezitativ (T, B, S) und Chor
(Evangelist, Pilatus, Pilati Weib, Volk)

Tenor

Auf das Fest aber hatte der Landpfleger Gewohnheit, dem Volk einen Gefangenen loszugeben, welchen sie wollten. Er hatte aber zu der Zeit einen Gefangenen, einen sonderlichen vor andern, der hieß Barrabas. Und da sie versammlet waren, sprach Pilatus zu ihnen:

Baß

Welchen wollet ihr, daß ich euch losgebe? Barrabam oder Jesum, von dem gesaget wird, er sei Christus?

Tenor

Denn er wußte wohl, daß sie ihn aus Neid überantwortet hatten. Und da er auf dem Richtstuhl saß, schickete sein Weib zu ihm und ließ ihm sagen:

Sopran

Habe du nichts zu schaffen mit diesem Gerechten; ich habe heute viel erlitten im Traum von seinetwegen!

Tenor

Aber die Hohenpriester und die Ältesten überredeten das Volk, daß sie um Barrabas bitten sollten und Jesum umbrächten. Da antwortete nun der Landpfleger und sprach zu ihnen:

Baß

Welchen wollt ihr unter diesen zweien, den ich euch soll losgeben?

Tenor

Sie sprachen:

Chor

Barrabam!

Tenor

Pilatus sprach zu ihnen:

Baß

Was soll ich denn machen mit Jesu, von dem gesagt wird, er sei Christus?

Tenor

Sie sprachen alle:

Chor

Laß ihn kreuzigen!

55. Chor

Wie wunderbarlich ist doch diese Strafe!
Der gute Hirte leidet für die Schafe,
Die Schuld bezahlt der Herre, der Gerechte,
Für seine Knechte.

56. Rezitativ (T, B)

(Evangelist, Pilatus)

Tenor

Der Landpfleger sagte:

Baß

Was hat er denn Übels getan?

57. Rezitativ (S)

Er hat uns allen wohlgetan,
Den Blinden gab er das Gesicht,
Die Lahmen macht er gehend,
Er sagt uns seines Vaters Wort,
Er trieb die Teufel fort,

Betrübte hat er aufgericht',
Er nahm die Sünder auf und an.
Sonst hat mein Jesus nichts getan.

58. Arie (S)

Aus Liebe,
Aus Liebe will mein Heiland sterben,
Von einer Sünde weiß er nichts.
Daß das ewige Verderben
Und die Strafe des Gerichts
Nicht auf meiner Seele bliebe.

59. Rezitativ (T)

(Evangelist)

Sie schrieen aber noch mehr und sprachen:

Chor

Laß ihn kreuzigen!

Rezitativ (T, B)

(Evangelist, Pilatus)

Tenor

Da aber Pilatus sahe, daß er nichts schaffete, sondern daß ein viel größer Getümmel ward, nahm er Wasser und wusch die Hände vor dem Volk und sprach:

Baß

Ich bin unschuldig an dem Blut dieses Gerechten, sehet ihr zu.

Tenor

Da antwortete das ganze Volk und sprach:

Chor

Sein Blut komme über uns und unsre Kinder.

Rezitativ (T)

(Evangelist)

Da gab er ihnen Barrabam los; aber Jesum ließ er geißeln und überantwortete ihn, daß er gekreuziget würde.

60. Rezitativ (A)

Erbarm es Gott!
Hier steht der Heiland angebunden.
O Geißelung, o Schläg, o Wunden!
Ihr Henker, haltet ein!
Erweichet euch
Der Seelen Schmerz,
Der Anblick solches Jammers nicht?
Ach ja! ihr habt ein Herz,
Das muß der Martersäule gleich
Und noch viel härter sein.
Erbarmt euch, haltet ein!

61. Arie (A)

Können Tränen meiner Wangen
Nichts erlangen,
O, so nehmt mein Herz hinein!
  Aber laßt es bei den Fluten,
  Wenn die Wunden milde bluten,
  Auch die Opferschale sein!

62. Rezitativ (T)

(Evangelist)

Da nahmen die Kriegsknechte des Landpflegers Jesum zu sich in das Richthaus und sammleten über ihn die ganze Schar und zogen ihn aus und legeten ihm einen Purpurmantel an und flochten eine dornene Krone und satzten sie auf sein Haupt und ein Rohr in seine rechte Hand und beugeten die Knie vor ihm und spotteten ihn und sprachen:

Chor

Gegrüßet seist du, Jüdenkönig!

Rezitativ (T)
(Evangelist)

Und speieten ihn an und nahmen das Rohr und schlugen damit sein Haupt.

63. Chor

O Haupt voll Blut und Wunden,
Voll Schmerz und voller Hohn,
O Haupt, zu Spott gebunden
Mit einer Dornenkron,
O Haupt, sonst schön gezieret
Mit höchster Ehr und Zier,
Jetzt aber hoch schimpfieret,
Gegrüßet seist du mir!

Du edles Angesichte,
Dafür sonst schrickt und scheut
Das große Weltgewichte,
Wie bist du so bespeit;
Wie bist du so erbleichet!
Wer hat dein Augenlicht,
Dem sonst kein Licht nicht gleichet,
So schändlich zugericht'?

64. Rezitativ (T)
(Evangelist)

Und da sie ihn verspottet hatten, zogen sie ihm den Mantel aus und zogen ihm seine Kleider an und führeten ihn hin, daß sie ihn kreuzigten. Und indem sie hinausgingen, funden sie einen Menschen von Kyrene mit Namen Simon; den zwungen sie, daß er ihm sein Kreuz trug.

65. Rezitativ (B)

Ja freilich will in uns das Fleisch und Blut
Zum Kreuz gezwungen sein;
Je mehr es unsrer Seele gut,
Je herber geht es ein.

66. Arie (B)

Komm, süßes Kreuz, so will ich sagen,
Mein Jesu, gib es immer her!
  Wird mir mein Leiden einst zu schwer,
  So hilfst du mir es selber tragen.

67. Rezitativ (T)
(Evangelist)

Und da sie an die Stätte kamen mit Namen Golgatha, das ist verdeutschet Schädelstätt, gaben sie ihm Essig zu trinken mit Gallen vermischet; und da er's schmeckete, wollte er's nicht trinken. Da sie ihn aber gekreuziget hatten, teilten sie seine Kleider und wurfen das Los darum, auf daß erfüllet würde, das gesagt ist durch den Propheten: »Sie haben meine Kleider unter sich geteilet, und über mein Gewand haben sie das Los geworfen.« Und sie saßen allda und hüteten sein. Und oben zu seinen Häupten hefteten sie die Ursach seines Todes beschrieben, nämlich: »Dies ist Jesus, der Jüden König.« Und da wurden zween Mörder mit ihm gekreuziget, einer zur Rechten und einer zur Linken. Die aber vorübergingen, lästerten ihn und schüttelten ihre Köpfe und sprachen:

Chor

Der du den Tempel Gottes zerbrichst und bauest ihn in dreien Tagen, hilf dir selber! Bist du Gottes Sohn, so steig herab vom Kreuz!

Rezitativ (T)

(Evangelist)

Desgleichen auch die Hohenpriester spotteten sein samt den Schriftgelehrten und Ältesten und sprachen:

Chor

Andern hat er geholfen und kann ihm selber nicht helfen. Ist er der König Israel, so steige er nun vom Kreuz, so wollen wir ihm glauben. Er hat Gott vertrauet, der erlöse ihn nun, lüstet's ihn; denn er hat gesagt: Ich bin Gottes Sohn.

68. Rezitativ (T)

(Evangelist)

Desgleichen schmäheten ihn auch die Mörder, die mit ihm gekreuziget waren.

69. Rezitativ (A)

Ach Golgatha, unselges Golgatha!
Der Herr der Herrlichkeit muß schimpflich hier verderben,
Der Segen und das Heil der Welt
Wird als ein Fluch ans Kreuz gestellt.
Der Schöpfer Himmels und der Erden
Soll Erd und Luft entzogen werden.
Die Unschuld muß hier schuldig sterben,
Das gehet meiner Seele nah;
Ach Golgatha, unselges Golgatha!

70. Arie (A) und Chor

Sehet, Jesus hat die Hand,
Uns zu fassen, ausgespannt,
Kommt! – Wohin? – in Jesu Armen
Sucht Erlösung, nehmt Erbarmen,
Suchet! – Wo? – in Jesu Armen.

Lebet, sterbet, ruhet hier,
Ihr verlass'nen Küchlein ihr,
Bleibet – Wo? – in Jesu Armen.

71. Rezitativ (T, B)

(Evangelist, Jesus)

Tenor

Und von der sechsten Stunde an war eine Finsternis über das ganze Land bis zu der neunten Stunde. Und um die neunte Stunde schriee Jesus laut und sprach:

Baß

Eli, Eli, lama asabthani?

Tenor

Das ist: Mein Gott, mein Gott, warum hast du mich verlassen? Etliche aber, die da stunden, da sie das höreten, sprachen sie:

Chor

Der rufet dem Elias!

Rezitativ (T)

(Evangelist)

Und bald lief einer unter ihnen, nahm einen Schwamm und füllete ihn mit Essig und steckete ihn auf ein Rohr und tränkete ihn. Die andern aber sprachen:

Chor

Halt! laß sehen, ob Elias komme und ihm helfe?

Rezitativ (T)

(Evangelist)

Aber Jesus schriee abermal laut und verschied.

72. Chor

Wenn ich einmal soll scheiden,
So scheide nicht von mir,
Wenn ich den Tod soll leiden,
So tritt du denn herfür!
Wenn mir am allerbängsten
Wird um das Herze sein,
So reiß mich aus den Ängsten
Kraft deiner Angst und Pein!

73. Rezitativ (T)

(Evangelist)

Und siehe da, der Vorhang im Tempel zerriß in zwei Stück von oben an bis unten aus. Und die Erde erbebete, und die Felsen zerrissen, und die Gräber täten sich auf, und stunden auf viel Leiber der Heiligen, die da schliefen, und gingen aus den Gräbern nach seiner Auferstehung und kamen in die heilige Stadt und erschienen vielen. Aber der Hauptmann und die bei ihm waren und bewahreten Jesum, da sie sahen das Erdbeben und was da geschah, erschraken sie sehr und sprachen:

Chor

Wahrlich, dieser ist Gottes Sohn gewesen.

Rezitativ (T)

(Evangelist)

Und es waren viel Weiber da, die von ferne zusahen, die da waren nachgefolget aus Galiläa und hatten ihm gedienet, unter welchen war Maria Magdalena und Maria, die Mutter Jacobi und Joses, und die Mutter der Kinder Zebedäi. Am Abend aber kam ein reicher Mann von Arimathia, der hieß Joseph, welcher auch ein Jünger Jesu war, der ging zu Pilato und bat ihn um den Leichnam Jesu. Da befahl Pilatus, man sollte ihm ihn geben.

74. Rezitativ (B)

Am Abend, da es kühle war,
Ward Adams Fallen offenbar;
Am Abend drücket ihn der Heiland nieder.
Am Abend kam die Taube wieder
Und trug ein Ölblatt in dem Munde.
O schöne Zeit! O Abendstunde!
Der Friedensschluß ist nun mit Gott gemacht,
Denn Jesus hat sein Kreuz vollbracht.
Sein Leichnam kömmt zur Ruh,
Ach! liebe Seele, bitte du,
Geh, lasse dir den toten Jesum schenken,
O heilsames, o köstlichs Angedenken!

75. Arie (B)

Mache dich, mein Herze, rein,
Ich will Jesum selbst begraben.
  Denn er soll nunmehr in mir
  Für und für
  Seine süße Ruhe haben.
  Welt, geh aus, laß Jesum ein!

76. Rezitativ (T)
(Evangelist)

Und Joseph nahm den Leib und wickelte ihn in ein rein Leinwand und legte ihn in sein eigen neu Grab, welches er hatte lassen in einen Fels hauen, und wälzete einen großen Stein vor die Tür des Grabes und ging davon. Es war aber allda Maria Magdalena und die andere Maria, die satzten sich gegen das Grab. Des andern Tages, der da folget nach dem Rüsttage, kamen die Hohenpriester und Pharisäer sämtlich zu Pilato und sprachen:

Chor

Herr, wir haben gedacht, daß dieser Verführer sprach, da er noch lebete: Ich will nach dreien Tagen wieder auferstehen. Darum befiehl, daß man das Grab verwahre bis an den dritten Tag, auf daß nicht seine Jünger kommen und stehlen ihn und sagen zu dem Volk: Er ist auferstanden von den Toten, und werde der letzte Betrug ärger denn der erste!

Rezitativ (T, B)

(Evangelist, Pilatus)

Tenor

Pilatus sprach zu ihnen:

Baß

Da habt ihr die Hüter; gehet hin und verwahret's, wie ihr's wisset!

Tenor

Sie gingen hin und verwahreten das Grab mit Hütern und versiegelten den Stein.

77. Rezitativ (B, T, A, S) und Chor

Baß

Nun ist der Herr zur Ruh gebracht.
Mein Jesu, gute Nacht!

Tenor

Die Müh ist aus, die unsre Sünden ihm gemacht.
Mein Jesu, gute Nacht!

Alt

O selige Gebeine,
Seht, wie ich euch mit Buß und Reu beweine,

Daß euch mein Fall in solche Not gebracht!
Mein Jesu, gute Nacht!

Sopran

Habt lebenslang
Vor euer Leiden tausend Dank,
Daß ihr mein Seelenheil so wert geacht'.
Mein Jesu, gute Nacht!

78. Chor

Wir setzen uns mit Tränen nieder
Und rufen dir im Grabe zu:
Ruhe sanfte, sanfte ruh!
Ruht, ihr ausgesognen Glieder!
Euer Grab und Leichenstein
Soll dem ängstlichen Gewissen
Ein bequemes Ruhekissen
Und der Seelen Ruhstatt sein.
Höchst vergnügt schlummern da die Augen ein.

Weihnachts-Oratorium

(BWV 248)

Mit den beiden Passionen hat das *Weihnachts-Oratorium* die wesentlichen stilistischen und strukturellen Merkmale gemeinsam. Es ist mit gemischtem Chor, Solisten in den vier Stimmlagen und Orchester auf Generalbaßbasis besetzt; die dreifache textliche Grundlage aus Evangelienbericht, Choralstrophe und betrachtendem Kommentar führt zu den gleichen musikalischen Bausteinen von Rezitativ, Choral, Chor und Arie. Der wesentliche gattungsgeschichtliche Unterschied besteht in der Aufteilung des Werkes in sechs einzelne Kantaten (BWV 248,1–6), alle von etwa gleicher Länge und von prinzipiell gleichem Aufbau. Das hat konkrete aufführungspraktische Gründe: Als Thomaskantor war Bach verpflichtet, für die Sonntage des Kirchenjahres jeweils zum Gebrauch im Gottesdienst Kantaten zu komponieren. So entstanden die sechs Kantaten zur Jahreswende 1734/35 für den Zeitraum der zwölf Tage zwischen dem ersten Weihnachtsfeiertag und Epiphanias.

Die durchgehende Oratorienhandlung ist der Weihnachtsgeschichte der Evangelisten Lukas und Matthäus entnommen. Durch sie verbinden sich die sechs Einzelwerke zum homogenen oratorischen Zyklus, dem Bach selber bereits den Titel »Oratorium« hinzufügte. Und auch die Tonartenfolge der sechs Teile D-G-D-F-A-D bringt zusätzliche Geschlossenheit im Sinne einer Grundtonart D-Dur. Die Aufteilung in einzelne Kantaten dagegen bewirkt eine systematischere Reihung der unterschiedlichen musikalischen Formteile. So enthält jede der Kantaten je zwei Arien (bzw. solistische Ensemblenummern) und je zwei bis drei Choralsätze, von denen einer in der Regel am Ende steht und die öfter auch im Rahmen eines Rezitativs erklingen. Diese Choräle stammen überwiegend aus dem 17. Jahrhundert, u. a. von Paul Gerhardt und Martin Luther. Den prächtigen Kantatenbeginn markieren jeweils großangelegte Chorsätze in der Art der Rahmenchöre der Passionen, mit einer wesentlichen Ausnahme: Die zweite Kantate wird mit dem klassischen Urbild einer barocken »Hirtenmusik« (Pastorale) eingeleitet, einem der zartesten und eingängigsten Instrumentalsätze des Komponisten. Die betrachtenden Texte sind bis heute anonym geblieben, doch vermutet man aufgrund mancher Indizien in Christian Friedrich Henrici, genannt Picander, den Autor. Die lyrischen Vorlagen ergeben gemeinsam mit der wundersam märchenhaften Weihnachtsgeschichte des Evangeliums einen weniger dramatischen Verlauf als in den Passionen. Der Anteil an reflektierenden und kontemplativen Partien ist höher, und ihre musikalische Umsetzung geriet auch weniger realistisch. So erklingen beispielsweise die Worte der Drei Weisen aus dem Morgenland nicht im solistischen Terzett, sondern als vierstimmiger Chor.

Daß das *Weihnachts-Oratorium* lange nicht so populär war wie die *Matthäus-Passion*, hat gewiß wiederum mit dem hartnäckig mißverstandenen Parodieproblem zu tun. Das *Weihnachts-Oratorium* ist für dieses seinerzeit gängige und selbstverständliche Verfahren gleichsam prototypisch: für große Teile des Gesamtwerks verwendete Bach weltliche Kantaten von 1733/34 (BWV 213, 214, 215, 248a). Aus seiner Sicht bewahrte er damit einige Gelegenheitswerke vor dem Vergessen, denn die ursprünglichen alltäglichen Anlässe boten nur Gewähr für eine einmalige Aufführung, in Form von Geburtstagswünschen für fürstliche Persönlichkeiten. Dieses vielfältige und bisweilen recht verworrene und spannende Beziehungsgeflecht zwischen »Parodie« und »Original« wurde zum Gegenstand intensiver musikwissenschaftlicher Forschung; zugleich liefert es eines der Indizien, die für den Textdichter Picander sprechen, der als bewährter Meister derartiger textlicher Neueinrichtungen bereits vorliegender Kompositionen bekannt ist.

Die Aufführungsgeschichte des *Weihnachts-Oratoriums* ist mit jener der beiden Passionen verwandt. Allerdings entfällt hier das Problem unterschiedlicher Fassungen, denn es liegt eine autographe Partitur vor. Anders als bei den Passionen ermöglicht die Gliederung in sechs Kantaten auch sinnvolle Teilaufführungen, etwa von je drei Kantaten oder auch einer Auswahl (Teile 1–3 und 6).

ERSTER TEIL

Jauchzet, frohlocket, auf, preiset die Tage

1. Chor

Jauchzet, frohlocket, auf, preiset die Tage,
Rühmet, was heute der Höchste getan!
Lasset das Zagen, verbannet die Klage,
Stimmet voll Jauchzen und Fröhlichkeit an!
  Dienet dem Höchsten mit herrlichen Chören,
  Laßt uns den Namen des Herrschers verehren!

2. Rezitativ (T)

(Evangelist)

Es begab sich aber zu der Zeit, daß ein Gebot von dem Kaiser Augusto ausging, daß alle Welt geschätzet würde. Und jedermann ging, daß er sich schätzen ließe, ein jeglicher in seine Stadt. Da machte sich auch auf Joseph aus Galiläa, aus der Stadt Nazareth, in das jüdische Land zur Stadt David, die da heißet Bethlehem; darum, daß er von dem Hause und Geschlechte David war: auf daß er sich schätzen ließe mit Maria, seinem vertrauten Weibe, die war schwanger. Und als sie daselbst waren, kam die Zeit, daß sie gebären sollte.

3. Rezitativ (A)

Nun wird mein liebster Bräutigam,
Nun wird der Held aus Davids Stamm
Zum Trost, zum Heil der Erden
Einmal geboren werden.
Nun wird der Stern aus Jakob scheinen,
Sein Strahl bricht schon hervor.
Auf, Zion, und verlasse nun das Weinen,
Dein Wohl steigt hoch empor!

4. Arie (A)

Bereite dich, Zion, mit zärtlichen Trieben,
Den Schönsten, den Liebsten bald bei dir zu sehn!
  Deine Wangen
  Müssen heut viel schöner prangen,
  Eile, den Bräutigam sehnlichst zu lieben!

5. Chor

**Wie soll ich dich empfangen
Und wie begegn' ich dir?
O aller Welt Verlangen,
O meiner Seelen Zier!
O Jesu, Jesu, setze
Mir selbst die Fackel bei,
Damit, was dich ergötze,
Mir kund und wissend sei!**

6. Rezitativ (T)

(Evangelist)

Und sie gebar ihren ersten Sohn und wickelte ihn in Windeln und legte ihn in eine Krippen, denn sie hatten sonst keinen Raum in der Herberge.

7. Choral (S) und Rezitativ (B)

Er ist auf Erden kommen arm,
Wer will die Liebe recht erhöhn,
Die unser Heiland vor uns hegt?
Daß er unser sich erbarm,
Ja, wer vermag es einzusehen,
Wie ihn der Menschen Leid bewegt?
Und in dem Himmel mache reich,
Des Höchsten Sohn kömmt in die Welt,
Weil ihm ihr Heil so wohl gefällt,
Und seinen lieben Engeln gleich.
So will er selbst als Mensch geboren werden.
Kyrieleis!

8. Arie (B)

Großer Herr, o starker König,
Liebster Heiland, o wie wenig
Achtest du der Erden Pracht!
Der die ganze Welt erhält,
Ihre Pracht und Zier erschaffen,
Muß in harten Krippen schlafen.

9. Chor

Ach mein herzliebes Jesulein,
Mach dir ein rein sanft Bettelein,
Zu ruhn in meines Herzens Schrein,
Daß ich nimmer vergesse dein!

ZWEITER TEIL

Und es waren Hirten in derselben Gegend

10. Sinfonia

11. Rezitativ (T)

(Evangelist)

Und es waren Hirten in derselben Gegend auf dem Felde bei den Hürden, die hüteten des Nachts ihre Herde. Und siehe, des Herren Engel trat zu ihnen, und die Klarheit des Herren leuchtet um sie, und sie furchten sich sehr.

12. Chor

Brich an, o schönes Morgenlicht,
Und laß den Himmel tagen!
Du Hirtenvolk, erschrecke nicht,
Weil dir die Engel sagen,
Daß dieses schwache Knäbelein
Soll unser Trost und Freude sein,
Dazu den Satan zwingen
Und letztlich Friede bringen!

13. Rezitativ (T, S)

(Evangelist, Engel)

Tenor

Und der Engel sprach zu ihnen:

Sopran

Fürchtet euch nicht, siehe, ich verkündige euch große Freude, die allem Volke widerfahren wird. Denn euch ist heute der Heiland geboren, welcher ist Christus, der Herr, in der Stadt David.

14. Rezitativ (B)

Was Gott dem Abraham verheißen,
Das läßt er nun dem Hirtenchor
Erfüllt erweisen.
Ein Hirt hat alles das zuvor
Von Gott erfahren müssen.
Und nun muß auch ein Hirt die Tat,
Was er damals versprochen hat,
Zuerst erfüllet wissen.

15. Arie (T)

Frohe Hirten, eilt, ach eilet,
Eh ihr euch zu lang verweilet,
Eilt, das holde Kind zu sehn!
Geht, die Freude heißt zu schön,
Sucht die Anmut zu gewinnen,
Geht und labet Herz und Sinnen!

16. Rezitativ (T)

(Evangelist)

Und das habt zum Zeichen: Ihr werdet finden das Kind in Windeln gewickelt und in einer Krippe liegen.

17. Chor

Schaut hin, dort liegt im finstern Stall,
Des Herrschaft gehet überall!
Da Speise vormals sucht ein Rind,
Da ruhet itzt der Jungfrau'n Kind.

18. Rezitativ (B)

So geht denn hin, ihr Hirten, geht,
Daß ihr das Wunder seht:
Und findet ihr des Höchsten Sohn
In einer harten Krippe liegen,

So singet ihm bei seiner Wiegen
Aus einem süßen Ton
Und mit gesamtem Chor
Dies Lied zur Ruhe vor!

19. Arie (A)

Schlafe, mein Liebster, genieße der Ruh,
Wache nach diesem vor aller Gedeihen!
Labe die Brust,
Empfinde die Lust,
Wo wir unser Herz erfreuen!

20. Rezitativ (T)
(Evangelist)

Und alsobald war da bei dem Engel die Menge der himmlischen Heerscharen, die lobten Gott und sprachen:

21. Chor
(Die Engel)

Ehre sei Gott in der Höhe und Friede auf Erden und den Menschen ein Wohlgefallen.

22. Rezitativ (B)

So recht, ihr Engel, jauchzt und singet,
Daß es uns heut so schön gelinget!
Auf denn! wir stimmen mit euch ein,
Uns kann es so wie euch erfreun.

23. Chor

Wir singen dir in deinem Heer
Aus aller Kraft Lob, Preis und Ehr,
Daß du, o lang gewünschter Gast,
Dich nunmehr eingestellet hast.

DRITTER TEIL

Herrscher des Himmels, erhöre das Lallen

24. Chor

Herrscher des Himmels, erhöre das Lallen,
Laß dir die matten Gesänge gefallen,
Wenn dich dein Zion mit Psalmen erhöht!
Höre der Herzen frohlockendes Preisen,
Wenn wir dir itzo die Ehrfurcht erweisen,
Weil unsre Wohlfahrt befestiget steht!

25. Rezitativ (T)

(Evangelist)

Und da die Engel von ihnen gen Himmel fuhren, sprachen die Hirten untereinander:

26. Chor

(Die Hirten)

Lasset uns nun gehen gen Bethlehem und die Geschichte sehen, die da geschehen ist, die uns der Herr kundgetan hat.

27. Rezitativ (B)

Er hat sein Volk getröst',
Er hat sein Israel erlöst,
Die Hülf aus Zion hergesendet
Und unser Leid geendet.
Seht, Hirten, dies hat er getan;
Geht, dieses trefft ihr an!

28. Chor

Dies hat er alles uns getan,
Sein groß Lieb zu zeigen an;
Des freu sich alle Christenheit
Und dank ihm des in Ewigkeit.
Kyrieleis!

29. Arie (Duett, S, B)

Herr, dein Mitleid, dein Erbarmen
Tröstet uns und macht uns frei.
  Deine holde Gunst und Liebe,
  Deine wundersamen Triebe
  Machen deine Vatertreu
  Wieder neu.

30. Rezitativ (T)

(Evangelist)

Und sie kamen eilend und funden beide, Mariam und Joseph, dazu das Kind in der Krippe liegen. Da sie es aber gesehen hatten, breiteten sie das Wort aus, welches zu ihnen von diesem Kind gesaget war. Und alle, für die es kam, wunderten sich der Rede, die ihnen die Hirten gesaget hatten. Maria aber behielt alle diese Worte und bewegte sie in ihrem Herzen.

31. Arie (A)

Schließe, mein Herze, dies selige Wunder
Fest in deinem Glauben ein!
  Lasse dies Wunder, die göttlichen Werke,
  Immer zur Stärke
  Deines schwachen Glaubens sein!

32. Rezitativ (A)

Ja, ja, mein Herz soll es bewahren,
Was es an dieser holden Zeit
Zu seiner Seligkeit
Für sicheren Beweis erfahren.

33. Chor

**Ich will dich mit Fleiß bewahren,
Ich will dir
Leben hier,
Dir will ich abfahren,
Mit dir will ich endlich schweben
Voller Freud
Ohne Zeit
Dort im andern Leben.**

34. Rezitativ (T)

(Evangelist)

Und die Hirten kehrten wieder um, preiseten und lobten Gott um alles, das sie gesehen und gehöret hatten, wie denn zu ihnen gesaget war.

35. Chor

**Seid froh dieweil,
Daß euer Heil
Ist hie ein Gott und auch ein Mensch geboren,
Der, welcher ist
Der Herr und Christ
In Davids Stadt, von vielen auserkoren.**

(Chor wiederholt Nr. 24)

VIERTER TEIL

Fallt mit Danken, fallt mit Loben

36. Chor

Fallt mit Danken, fallt mit Loben
Vor des Höchsten Gnadenthron!
Gottes Sohn
Will der Erden
Heiland und Erlöser werden,
Gottes Sohn
Dämpft der Feinde Wut und Toben.

37. Rezitativ (T)

(Evangelist)

Und da acht Tage um waren, daß das Kind beschnitten würde, da ward sein Name genennet Jesus, welcher genennet war von dem Engel, ehe denn er im Mutterleibe empfangen ward.

38. Rezitativ (B) und Choral (S)

Immanuel, o süßes Wort!
Mein Jesus heißt mein Hort,
Mein Jesus heißt mein Leben.
Mein Jesus hat sich mir ergeben,
Mein Jesus soll mir immerfort
Vor meinen Augen schweben.
Mein Jesus heißet meine Lust,
Mein Jesus labet Herz und Brust.
Jesu, du mein liebstes Leben,
Meiner Seelen Bräutigam,
Komm! Ich will dich mit Lust umfassen,
Mein Herze soll dich nimmer lassen,

Der du dich vor mich gegeben
An des bittern Kreuzes Stamm!
Ach! So nimm mich zu dir!
Auch in dem Sterben sollst du mir
Das Allerliebste sein;
In Not, Gefahr und Ungemach
Seh ich dir sehnlichst nach.
Was jagte mir zuletzt der Tod für Grauen ein?
Mein Jesus! Wenn ich sterbe,
So weiß ich, daß ich nicht verderbe.
Dein Name steht in mir geschrieben,
Der hat des Todes Furcht vertrieben.

39. Arie (S)

Flößt, mein Heiland, flößt dein Namen
Auch den allerkleinsten Samen
Jenes strengen Schreckens ein?
Nein, du sagst ja selber nein. (Nein!)
Sollt ich nun das Sterben scheuen?
Nein, dein süßes Wort ist da!
Oder sollt ich mich erfreuen?
Ja, du Heiland sprichst selbst ja. (Ja!)

40. Rezitativ (B) und Choral (S)

Wohlan, dein Name soll allein
In meinem Herzen sein!
Jesu, meine Freud und Wonne,
Meine Hoffnung, Schatz und Teil,
So will ich dich entzücket nennen,
Wenn Brust und Herz zu dir vor Liebe brennen.
Mein Erlösung, Schmuck und Heil,
Doch, Liebster, sage mir:
Wie rühm ich dich, wie dank ich dir?

Hirt und König, Licht und Sonne,
Ach! wie soll ich würdiglich,
Mein Herr Jesu, preisen dich?

41. Arie (T)

Ich will nur dir zu Ehren leben,
Mein Heiland, gib mir Kraft und Mut,
Daß es mein Herz recht eifrig tut!
  Stärke mich,
  Deine Gnade würdiglich
  Und mit Danken zu erheben!

42. Chor

Jesus richte mein Beginnen,
Jesus bleibe stets bei mir,
Jesus zäume mir die Sinnen,
Jesus sei nur mein Begier,
Jesus sei mir in Gedanken,
Jesu, lasse mich nicht wanken!

FÜNFTER TEIL

Ehre sei dir, Gott, gesungen

43. Chor

Ehre sei dir, Gott, gesungen,
Dir sei Lob und Dank bereit'.
  Dich erhebet alle Welt,
  Weil dir unser Wohl gefällt,
  Weil anheut
  Unser aller Wunsch gelungen,
  Weil uns dein Segen so herrlich erfreut.

44. Rezitativ (T)

(Evangelist)

Da Jesus geboren war zu Bethlehem im jüdischen Lande zur Zeit des Königes Herodis, siehe, da kamen die Weisen vom Morgenlande gen Jerusalem und sprachen:

45. Chor (Die Weisen) und Rezitativ (A)

Wo ist der neugeborne König der Jüden?
Sucht ihn in meiner Brust,
Hier wohnt er, mir und ihm zur Lust!
Wir haben seinen Stern gesehen im Morgenlande und sind kommen, ihn anzubeten.
Wohl euch, die ihr dies Licht gesehen,
Es ist zu eurem Heil geschehen!
Mein Heiland, du, du bist das Licht,
Das auch den Heiden scheinen sollen,
Und sie, sie kennen dich noch nicht,
Als sie dich schon verehren wollen.
Wie hell, wie klar muß nicht dein Schein,
Geliebter Jesu, sein!

46. Chor

Dein Glanz all Finsternis verzehrt,
Die trübe Nacht in Licht verkehrt.
Leit uns auf deinen Wegen,
Daß dein Gesicht
Und herrlichs Licht
Wir ewig schauen mögen!

47. Arie (B)

Erleucht auch meine finstre Sinnen,
Erleuchte mein Herze
Durch der Strahlen klaren Schein!

Dein Wort soll mir die hellste Kerze
In allen meinen Werken sein;
Dies lässet die Seele nichts Böses beginnen.

48. Rezitativ (T)
(Evangelist)

Da das der König Herodes hörte, erschrak er und mit ihm das ganze Jerusalem.

49. Rezitativ (A)

Warum wollt ihr erschrecken?
Kann meines Jesu Gegenwart euch solche Furcht erwecken?
O! solltet ihr euch nicht
Vielmehr darüber freuen,
Weil er dadurch verspricht,
Der Menschen Wohlfahrt zu verneuen.

50. Rezitativ (T)
(Evangelist)

Und ließ versammlen alle Hohepriester und Schriftgelehrten unter dem Volk und erforschete von ihnen, wo Christus sollte geboren werden. Und sie sagten ihm: Zu Bethlehem im jüdischen Lande; denn also stehet geschrieben durch den Propheten: Und du Bethlehem im jüdischen Lande bist mitnichten die kleinest unter den Fürsten Juda; denn aus dir soll mir kommen der Herzog, der über mein Volk Israel ein Herr sei.

51. Arie (Terzett; S, A, T)

Ach, wenn wird die Zeit erscheinen?
Ach, wenn kömmt der Trost der Seinen?
Schweigt, er ist schon würklich hier!
Jesu, ach so komm zu mir!

52. Rezitativ (A)

Mein Liebster herrschet schon.
Ein Herz, das seine Herrschaft liebet
Und sich ihm ganz zu eigen gibet,
Ist meines Jesu Thron.

53. Chor

Zwar ist solche Herzensstube
Wohl kein schöner Fürstensaal,
Sondern eine finstre Grube;
Doch, sobald dein Gnadenstrahl
In denselben nur wird blinken,
Wird es voller Sonnen dünken.

SECHSTER TEIL

Herr, wenn die stolzen Feinde schnauben

54. Chor

Herr, wenn die stolzen Feinde schnauben,
So gib, daß wir im festen Glauben
Nach deiner Macht und Hülfe sehn!
  Wir wollen dir allein vertrauen,
  So können wir den scharfen Klauen
  Des Feindes unversehrt entgehn.

55. Rezitativ (T, B)

(Evangelist, Herodes)

Tenor

Da berief Herodes die Weisen heimlich und erlernet mit Fleiß von ihnen, wenn der Stern erschienen wäre? Und weiset sie gen Bethlehem und sprach:

Baß

Ziehet hin und forschet fleißig nach dem Kindlein, und wenn ihr's findet, sagt mir's wieder, daß ich auch komme und es anbete.

56. Rezitativ (S)

Du Falscher, suche nur den Herrn zu fällen,
Nimm alle falsche List,
Dem Heiland nachzustellen;
Der, dessen Kraft kein Mensch ermißt,
Bleibt doch in sichrer Hand.
Dein Herz, dein falsches Herz ist schon,
Nebst aller seiner List, des Höchsten Sohn,
Den du zu stürzen suchst, sehr wohl bekannt.

57. Arie (S)

Nur ein Wink von seinen Händen
Stürzt ohnmächtger Menschen Macht.
Hier wird alle Kraft verlacht!
Spricht der Höchste nur ein Wort,
Seiner Feinde Stolz zu enden,
O, so müssen sich sofort
Sterblicher Gedanken wenden.

58. Rezitativ (T)

(Evangelist)

Als sie nun den König gehöret hatten, zogen sie hin. Und siehe, der Stern, den sie im Morgenlande gesehen hatten, ging für ihnen hin, bis daß er kam und stund oben über, da das Kindlein war. Da sie den Stern sahen, wurden sie hoch erfreuet und gingen in das Haus und funden das Kindlein mit Maria, seiner Mutter, und fielen nieder und beteten es an und täten ihre Schätze auf und schenkten ihm Gold, Weihrauch und Myrrhen.

59. Chor

Ich steh an deiner Krippen hier,
O Jesulein, mein Leben;
Ich komme, bring und schenke dir,
Was du mir hast gegeben.
Nimm hin! es ist mein Geist und Sinn,
Herz, Seel und Mut, nimm alles hin,
Und laß dirs wohlgefallen!

60. Rezitativ (T)

(Evangelist)

Und Gott befahl ihnen im Traum, daß sie sich nicht sollten wieder zu Herodes lenken, und zogen durch einen andern Weg wieder in ihr Land.

61. Rezitativ (T)

So geht! Genug, mein Schatz geht nicht von hier,
Er bleibet da bei mir,
Ich will ihn auch nicht von mir lassen.
Sein Arm wird mich aus Lieb
Mit sanftmutsvollem Trieb
Und größter Zärtlichkeit umfassen;
Er soll mein Bräutigam verbleiben,
Ich will ihm Brust und Herz verschreiben.
Ich weiß gewiß, er liebet mich,
Mein Herz liebt ihn auch inniglich
Und wird ihn ewig ehren.
Was könnte mich nun für ein Feind
Bei solchem Glück versehren!
Du, Jesu, bist und bleibst mein Freund;
Und werd ich ängstlich zu dir flehn:
Herr, hilf!, so laß mich Hülfe sehn!

62. Arie (T)

Nun mögt ihr stolzen Feinde schrecken;
Was könnt ihr mir für Furcht erwecken?
Mein Schatz, mein Hort ist hier bei mir.
  Ihr mögt euch noch so grimmig stellen,
  Droht nur, mich ganz und gar zu fällen,
  Doch seht! mein Heiland wohnet hier.

63. Rezitativ (S, A, T, B)

Was will der Höllen Schrecken nun,
Was will uns Welt und Sünde tun,
Da wir in Jesu Händen ruhn?

64. Chor

Nun seid ihr wohl gerochen
An eurer Feinde Schar,
Denn Christus hat zerbrochen,
Was euch zuwider war.
Tod, Teufel, Sünd und Hölle
Sind ganz und gar geschwächt;
Bei Gott hat seine Stelle
Das menschliche Geschlecht.

Messe in h-Moll

(BWV 232)

Anders als die beiden Passionen und das Oratorium basiert die Messe nicht auf einem Evangelientext. Vielmehr werden in ihr die großen Teile des »Ordinarium missae« zusammengefaßt (Kyrie, Gloria, Credo, Sanctus und Agnus Dei); ihre Sprache ist durchgehend lateinisch. Ihre Entstehungsgeschichte ist so wechselvoll, daß deren Nachwirkungen noch bis weit in unser Jahrhundert zu spüren waren. Der Kompositionszeitraum erstreckte sich über viele Jahre; er begann nach derzeitigem Forschungsstand wohl 1724 mit der Komposition des Sanctus. Nachgewiesene Parodiebeziehungen bestehen etwa zur sogenannten *Ratswechselkantate* (BWV 120) von 1728/29 (20. »Et expecto«); nach heutigem Wissenstand handelt es sich bei weniger als einem Drittel des Werkes nicht um Parodien.

Der erste Teil der Messe entstand 1733 in einer Zeit der Staatstrauer um August den Starken, die Bach zur Komposition von Kyrie und Gloria nutzte; sie konnten nach dem Brauch der Zeit ihren Platz als »Missa brevis« im lutherischen Gottesdienst finden. 1740 arbeitete er dann Teile des Gloria zu einer Weihnachtskantate (BWV 191) um. Erst 1748–49 fügte Bach ohne bekannten Anlaß vorhandene Sätze aus unterschiedlichen Schaffensperioden und Neukompositionen zu einer großen, unüblicherweise in nur vier Teile gegliederten »Missa solemnis« zusammen, ohne ihr einen übergreifenden Titel zu geben. Dieser Tatsache trug 1954 ein Band der Neuen Bach-Gesamtausgabe Rechnung, denn dort wurde das Werk nicht mehr als Ganzes betrachtet und auf den üblichen Titel »Hohe Messe in h-Moll« konsequent verzichtet. Der Herausgeber Friedrich Smend war zu der

Überzeugung gelangt, Bach habe keinen geschlossenen Messezyklus im Sinn gehabt, sondern die Einzelteile mehr oder weniger zufällig in einem Sammelband vereinigt.

Der heute übliche Titel ist eine – gewiß sinnvolle – Hinzufügung aus späterer Zeit; er taucht erstmals 1845 als Bezeichnung eines Drucks aus dem Züricher Verlagshaus Nägeli auf und ist dem außergewöhnlichen künstlerischen Rang des Werkes angemessen. Als Grund für Bachs abrundende und vollendende Arbeit an der Messe in seinen letzten Lebensjahren vermutet man künstlerisches Gestaltungsbedürfnis, mit der unausgesprochenen Absicht, auch in dieser wichtigen Gattung ein »opus summum« vorzulegen, vergleichbar dem *Musikalischen Opfer* und der *Kunst der Fuge*. Letztere ist nach aktuellem Forschungsstand nicht unmittelbar vor Bachs Tod entstanden, so daß die *h-Moll-Messe* damit in die Position eines »letzten Werkes«, eines Vermächtnisses, aufrückt. Daß Bach hierbei auf frühere Kompositionen unterschiedlicher Schaffensphasen zurückgriff, bestätigt eher diese Auffassung, als daß es sie widerlegt: alle Werkphasen sind brennspiegelartig vertreten und durch die abschließende Überarbeitung zugleich stilistisch bruchlos aneinandergefügt. So ergab sich in dieser Reihung der Typus einer Kantatenmesse, gegliedert in Arien (bei Bach eine Sammelbezeichnung für Solonummern, also auch für Duette) und Chorsätze, jedoch ohne Rezitative. Eingesetzt werden fünf Solostimmen sowie ein gemischter Chor in vier- bis achtstimmiger Besetzung und das Orchester mit Generalbaßfundament. Die Reihung der unterschiedlichen Musiknummern erfolgt bewußt: neben der durchdachten Tonartenfolge sprechen auch manche genau aufeinander abgestimmte Satzübergänge oder auch zitierende Rückgriffe und Querverbindungen (6. »Gratias« – 25. »Dona nobis«) dafür, daß Bach sehr wohl ein Werkganzes im Sinn hatte.

Die Rezeptionsgeschichte erweist sich als überaus abwechslungsreich: Das Autograph der Partitur ging an Carl Philipp Emanuel Bach über, der 1786 das Credo einzeln aufführte. Aus seinem Nachlaß gelangten die Noten in den

Besitz des Zürcher Musikverlegers Hans Georg Nägeli, der die Messe veröffentlichen wollte und sie als »größtes musikalisches Kunstwerk aller Zeiten und Völker« ankündigte, ohne jedoch die erhoffte Resonanz zu erzielen. Nach Herausgabe des ersten Teils starb er 1836. Als sich 1850 die »Bach-Gesellschaft« konstituierte, plante sie als ersten Band der Gesamtausgabe die Messe ein, doch das Haus Nägeli verweigerte die Herausgabe der Partitur. Erst 1857, nach dem endlich erfolgten Kauf des Autographs durch die Gesellschaft, konnte die 1856 veröffentlichte Ausgabe noch einmal überarbeitet vorgestellt werden. Wie bei den Passionen leitete auch bei der *h-Moll-Messe* Carl Friedrich Zelter mit seiner Berliner Singakademie den Beginn einer Aufführungs-Renaissance ein: bereits 1811–12 studierte er das Werk ein. Allerdings fand die erste nachgewiesene Gesamtaufführung erst 1835 in Berlin statt. Aus heutiger Sicht steht die Messe als zweiter tragender Eckpfeiler der Gattung gleichrangig neben Beethovens *Missa solemnis*, die sich erkennbar an Bachs Vorbild mißt. Gemeinsam sind ihnen die gewaltigen Dimensionen, der hohe künstlerische Anspruch sowie ihre geistige und emotionale Vielseitigkeit und Tiefe.

ERSTER TEIL

Kyrie

1. Chor

Kyrie eleison.	*Herr, erbarme dich!*

2. Arie (Duett; S I, S II)

Christe eleison.	*Christe, erbarme dich!*

3. Chor

Kyrie eleison.	*Herr, erbarme dich!*

Gloria

4.a Chor

Gloria in excelsis Deo.	*Ehre sei Gott in der Höhe.*

4.b Chor

Et in terra pax hominibus bonae voluntatis.	*Und auf Erden Friede den Menschen, die guten Willens sind.*

5. Arie (S II)

Laudamus te, benedicimus te, adoramus te, glorificamus te.	*Wir loben dich, wir preisen dich, wir beten dich an, wir verherrlichen dich.*

6. Chor

Gratias agimus tibi propter magnam gloriam tuam.	*Dank sagen wir dir wegen deiner großen Herrlichkeit.*

7. Arie (Duett; S I, T)

Domine Deus, Rex coelestis, Deus Pater omnipotens, Domine Fili unigenite, Jesu Christe altissime, Domine Deus, Agnus Dei, Filius Patris.	*Herr unser Gott, himmlischer König, Gott, allmächtiger Vater! Herr, des Vaters eingeborener Sohn, Jesus Christus, Höchster! Herr unser Gott. Lamm Gottes, Sohn des Vaters!*

8. Chor

Qui tollis peccata mundi, miserere nobis, qui tollis peccata mundi, suscipe deprecationem nostram.	*Der du hinwegnimmst die Sünden der Welt, erbarme dich unser, nimm an unser Flehn!*

9. Arie (A)

Qui sedes ad dextram Patris, miserere nobis.

Der du sitzest zur Rechten des Vaters, erbarme dich unser!

10. Arie (B)

Quoniam tu solus sanctus, tu solus Dominus, tu solus altissimus Jesu Christe.

Denn du allein bist heilig, du allein bist der Herr, du allein bist der Höchste, Jesus Christus.

11. Chor

Cum Sancto Spiritu in gloria Dei Patris, amen.

Mit dem Heiligen Geiste in der Herrlichkeit Gottes des Vaters. Amen.

ZWEITER TEIL

Credo (Symbolum Nicenum)

12. Chor

Credo in unum Deum.

Ich glaube an den einen Gott.

13. Chor

Credo in unum Deum, Patrem omnipotentem, factorem coeli et terrae, visibilium omnium et invisibilium.

Den allmächtigen Vater, Schöpfer des Himmels und der Erde, alles Sichtbaren und Unsichtbaren.

14. Arie (Duett; S I, A)

Et in unum Dominum Jesum Christum, Filium Dei unigenitum et ex Patre natum ante omnia secula. Deum de Deo, lumen de lumine, Deum verum de Deo vero, genitum, non factum consubstantialem Patri, per quem omnia facta sunt. Qui propter nos homines et propter nostram salutem descendit de coelis. (Et incarnatus est de Spiritu Sancto ex Maria virgine, et homo factus est.)	*Und an den einen Herrn, Jesum Christum, den eingeborenen Sohn Gottes und vom Vater ausgehend vor allen Zeiten, Gott von Gott, Licht vom Lichte, wahren Gott vom wahren Gotte, gezeugt, nicht erschaffen, gleichen Wesens mit dem Vater, durch den alles erschaffen worden ist; der für uns Menschen und unseres Heils wegen herniederstieg vom Himmel.*

15. Chor

Et incarnatus est de Spiritu Sancto ex Maria virgine, et homo factus est.	*Und Fleischesgestalt annahm durch die Wirkung des Heiligen Geistes aus Maria, der Jungfrau, und Mensch geworden ist.*

16. Chor

Crucifixus etiam pro nobis sub Pontio Pilato, passus et sepultus est.	*Und gekreuziget wurde für uns unter Pontius Pilatus, gelitten hat und begraben ward.*

17. Chor

Et resurrexit tertia die secundum scripturas, et ascendit in coelum, sedet ad dexteram Dei Patris, et ite-	*Und wieder auferstand am dritten Tage gemäß den heiligen Schriften. Und aufstieg in den Himmel, sitzet*

rum venturus est cum gloria judicare vivos et mortuos, cuius regni non erit finis.

zur Rechten des Vaters, und wieder kommen wird in Herrlichkeit zu richten die Lebendigen und die Toten, dessen Reich ohne Ende sein wird.

18. Arie (B)

Et in Spiritum Sanctum Dominum et vivificantem, qui ex Patre Filioque procedit; qui cum Patre et Filio simul adoratur et conglorificatur; qui locutus est per Prophetas. Et unam sanctam catholicam et apostolicam ecclesiam.

Und (ich glaube) an den Heiligen Geist, den Herrn und Lebendigmacher, der aus dem Vater und Sohne hervorgeht, der mit dem Vater und Sohne zugleich angebetet und verherrlicht wird, der gesprochen hat durch die Propheten. (Ich glaube) an eine heilige allgemeine und apostolische Kirche.

19. Chor

Confiteor unum baptisma in remissionem peccatorum.

Ich bekenne eine Taufe zur Vergebung der Sünden.

20. Chor

Et expecto resurrectionem mortuorum et vitam venturi seculi, amen.

Und erwarte die Auferstehung der Toten und ein ewiges Leben. Amen.

DRITTER TEIL

Sanctus

21. Chor

Sanctus, sanctus, sanctus Dominus Deus Sabaoth Pleni sunt coeli et terra gloria eius.	*Heilig, heilig, heilig (ist der) Herr Gott Sabaoth. Voll sind Himmel und Erde von seiner Herrlichkeit.*

Osanna, Benedictus, Agnus Dei, Dona nobis pacem

22. Chor

Osanna in excelsis.	*Hosanna in der Höhe!*

23. Arie (T)

Benedictus qui venit in nomine Domini.	*Gebenedeit sei, der da kommt im Namen des Herrn!*

Chor

Osanna in excelsis.	*Hosanna in der Höhe!*

24. Arie (A)

Agnus Dei qui tollis peccata mundi, miserere nobis.	*Lamm Gottes, das du hinwegnimmst die Sünden der Welt, erbarme dich unser!*

25. Chor

Dona nobis pacem.	*Gib uns den Frieden!*